Curt Wachsmuth
Das alte Griechenland im neuen
Mit einem Anhang über Sitten und Aberglauben
der Neugriechen bei Geburt, Hochzeit und Tod

Wachsmuth, Curt: Das alte Griechenland im neuen. Mit einem Anhang über Sitten und Aberglauben der Neugriechen bei Geburt, Hochzeit und Tod
Hamburg, SEVERUS Verlag 2011.
Nachdruck der Originalausgabe von 1864.

ISBN: 978-3-86347-053-1
Druck: SEVERUS Verlag, Hamburg 2011

Der SEVERUS Verlag ist ein Imprint der Diplomica Verlag GmbH.

Bibliografische Information der Deutschen Nationalbibliothek:
Die Deutsche Nationalbibliothek verzeichnet diese Publikation in der Deutschen Nationalbibliografie; detaillierte bibliografische Daten sind im Internet über http://dnb.d-nb.de abrufbar.

© **SEVERUS Verlag**
http://www.severus-verlag.de, Hamburg 2011
Printed in Germany
Alle Rechte vorbehalten.

Der SEVERUS Verlag übernimmt keine juristische Verantwortung oder irgendeine Haftung für evtl. fehlerhafte Angaben und deren Folgen.

Für alle, denen daran liegt, dass ihnen die grossen Gestalten des klassischen Alterthums nicht wesenlose Schatten bleiben, sondern sich in lebendige mit Fleisch und Blut ausgestattete Körper verwandeln, ist es eine der anziehendsten und fruchtbringendsten Aufgaben, im heutigen Griechenland das alte zu suchen — und zu finden. Nur muss man, um zu finden, auch zu suchen verstehen und nicht, wie es von missverstandnem Patriotismus und unreifem Philhellenismus geleitete Einheimische und Ausländer so vielfach gethan haben, mit plumper Hand zufahren und von vorne herein auf nackte Parallelenhascherei bedacht sein.

Natürlich handelt es sich dabei nicht um die unzweifelhafte Wahrheit, dass genaue topographische Erforschung des klassischen Landes der Alterthumskunde reiche Frucht der Veranschaulichung bringt, noch um die andere, dass die noch immer beträchtliche Quelle erhaltener Monumente an Ort und Stelle das lebendigste Zeugniss von Grösse und Art der entschwundenen Zeiten abzulegen vermag.

Schon wichtiger ist es — aber auch dessen mag

hier nur flüchtig gedacht sein — durch Anschauung hellenischen Landes und hellenischer Natur sich des Einflusses bewusst zu werden, den diese vielfach auf die alten Bewohner ausgeübt, oder um mich eines neuerdings beliebten Ausdrucks zu bedienen, sich das Verhältniss von Land und Leuten klar zu machen. Doch muss dabei von vorne herein auf das entschiedenste Protest eingelegt werden gegen die unverständige Einseitigkeit, mit der man jetzt nicht selten diese Betrachtungsweise übertreibt, indem man glaubt den gesammten Charakter ganzer Völkerstämme lediglich aus der Art und Weise, wie sie die Natur ihres Wohnortes verarbeiteten, bestimmen zu können. Aber freilich, wer wollte läugnen, dass die angeborene Individualität eines Volkes, zumal eines noch in der Kindheit stehenden Volkes von den Eindrücken der umgebenden Natur vielfach und nachhaltig beeinflusst werde? Vielleicht nirgends tritt dies lebendiger vor Augen, als bei Athen und Sparta, wo der ganze Gegensatz dieser beiden Hauptbrennpunkte griechischen Lebens bereits in der Natur gleichsam vorgebildet ist.

Den Athenern hatte es die Natur nicht eben bequem gemacht. Ihr Boden, der steinig und trocken und arm an brauchbarem Ackerland nicht einmal den nöthigen Bedarf an Getreide ergab, zwang sie zu immer erneuter rastloser Thätigkeit: die Lage ihres Landes wies sie unmittelbar auf das Meer und den Handel, auswärts zu suchen was ihnen daheim fehlte. Nicht umsonst aber war Athen die Stadt der Athene, der Göttin des Aethers. Der fast ununterbrochen heitere und tief blaue Himmel Attika's, die selbst von den übrigen Hellenen staunend beneidete Feinheit und Klarheit der Luft förderten mächtig die bewegliche Regsamkeit des ursprünglichen geistigen Scharfsinnes der Athener und trugen ganz besonders dazu bei, ihren Kunst- und Formensinn zu der ewig bewunderungswürdigen und nie wieder erreichten Höhe zu bringen, die ihre Kunstwerke noch heute zeigen. Dazu kommt, dass allen attischen Bergen, die sämmtlich vulkanischen Ursprungs sind, eine einzige durch die fast völlige Baumlosigkeit der meisten nur noch gehobene Zartheit der Linien und Feinheit der Conturen eigen ist. Und diese so wunderbar schön geformten Berglinien zeichnen sich auf dem dunkelblauen Horizont mit der schärfsten Bestimmtheit ab. Dem gewiss nicht zufällig entsprechend kennzeichnet alle attischen Productionen auf dem Gebiete der bildenden nicht minder als der redenden Künste der masshaltende Sinn für das Plastische und

Symmetrische. Ja man kann dreist behaupten, dass manche ihrer vollendetsten Kunstwerke eben bloss unter solchem Himmel möglich waren, dass z. B. die sublime Feinheit der Formen und Verhältnisse am Parthenon wie Erechtheion nur bei einem so durchsichtigem Aether gewagt werden konnte.

Ein ganz anderes Bild bietet die Umgebung Sparta's. Sparta ist im N. u. W. „durch drei Reihen sich immer höher und prachtvoller über einander thürmender Berge des Taygetos" abgeschlossen. Zwischen ihnen liegt „tief eingesenkt und durch hohe Pässe von den Nebenlanden geschieden" die nur nach S. und O. geöffnete äusserst fruchtbare spartanische Ebene und „vereinigt in ihrem Schoosse alle Hülfsmittel eines behaglichen Wohlstands".[1] So hatte die Natur für Sparta alles gethan: seine Bewohner fanden daheim bei sich volles Genüge. Und voll Selbstgenügsamkeit und Abgeschlossenheit, selbst bis zu einem gewissen Grade voll Beschränktheit treten uns die Spartaner von Anfang an in der Geschichte entgegen.

Auch sonst bringt häufig ein einfacher Blick auf klassischen Boden überzeugende Aufklärung über Dinge, die uns auf der Studierstube ewig im Halbdunkel bleiben würden.

Man hat vielfach gefragt, wie es zu erklären sei, dass den Griechen gerade in ihrer klassischsten Zeit der Natursinn völlig abzugehen scheine. Die Fragestellung muss zunächst durch die Definition von Natursinn praecisirt werden, insofern hier unter Natursinn nur verstanden werden darf die sentimentale Richtung der Neuzeit, zumal der Deutschen im Naturgenuss, „welche darauf ausgeht die ganze Natur zu vergeistigen und ihr alle unsere Gefühle in Freude und Leid selbstschöpferisch unterzulegen." Nun, der Hauptgrund liegt freilich in der totalen Verschiedenheit antiker Anschauungsweise von der modernen: aber gerade hier ist selbstverständlich die Erwägung der eigenthümlichen Beschaffenheit hellenischen Naturlebens von ganz besonderer Bedeutung. Während bei uns die Natur jeden Winter in tiefen und langen Schlaf verfällt, dann im Frühjahr plötzlich wie mit einem Ruck aufwacht und so in dem jedes Mal wieder für ihr Hinsterben wie ihr Aufleben frisch empfänglichen Mitgefühl des Deutschen wehmüthige Herbst- und freudige Frühlings-Stimmungen hervorruft, beraubt im Süden die niemals völlig absterbende Natur ihre Bewohner der Gelegenheit, an ihren Schicksalen klagend und aufjauchzend Theil zu nehmen: deutsche Frühlings- und Herbst-Gefühle sind dort von Haus aus nicht möglich. Zudem fehlt in Hellas fast durchweg jener idyllische unmittelbar zu dem Gemüth sprechende Reiz, den wir bei schönen Gegenden als ein unerlässliches Requisit anzusehen gewohnt sind: ernst und rein tritt die hohe aber einfache Grösse der Form vor das betrachtende Auge. Da ist kein Platz für die unbegränzten Sehnsuchtsphantasieen, die sich in uns rasch beim Anblick unserer heimischen traulichen Landschaften entwickeln, höchste Bestimmtheit und Klarheit der Vorstellung wird in solcher Umgebung gleichsam zur Pflicht.

Und dann: wer von uns, die wir unter dem farblosen Himmel des Nordens leben, hätte nicht mit Kopfschütteln aufgenommen die neue Lehre, dass die Alten sämmtliche Werke ihrer Architektur und Skulptur bemalt? Und gewiss war unser Erstaunen begreiflich. Aber unsere gewichtigsten Bedenken werden leicht verschwinden, wenn wir uns die eigenthümlichen Vorzüge der lebhafteren Sonne und der reineren Luft des Südens vergegenwärtigen. Besteigen wir z. B. um ein recht charakteristisches Bild dieser Art zu bekommen, die Akropolis in Athen bei Sonnenuntergang! Da liegt zur linken Hand der felsige Hymettos in purpurnem Violett, hinter uns der wie ein königliches Zelt aufgespannte Pentelikon im tiefsten Blau, rechts die Schluchten des Parnes in smaragd-grünem Lichte schimmernd: unter uns erglänzt das Meer bei der rasch wechselnden Beleuchtung der letzten Strahlen der Sonne in der ganzen prachtvollen Fülle der Beiworte, mit denen der alte Homer das proteusartige Wesen desselben zu erfassen sich müht. Und nun blicken wir zurück auf die vor uns sich erhebenden herrlichen Gebäude, die den Boden der heiligen Burg decken, die Propyläen, den Parthenon, das Erechtheion! wie? dürfen wir es den Athenern wirklich zutrauen, dass sie mitten in diesen Farbenreichthum hinein in schreiendster Dissonanz ihre Tempel in kaltem blendendem Weiss gesetzt hätten? Nein, auch diese mussten mit ähnlich reichem Farbenschmuck geziert sein: sonst hätten sie das Auge nicht erfreut, sondern ihm wehe gethan. Und nicht anders konnte es sein mit den Statuen, die zum besten Theile ja nicht bestimmt waren, in dunkelem Zimmer zu stehen sondern in freier Natur oder in offenen von hellstem Licht umstrahlten Tempeln und Hallen: sie, die lebendige Körper darstellten, durften noch viel weniger mitten unter der warmen Farbenpracht der Natur in todtkaltem Weiss gleichsam wie Leichen dreinschauen.

Aber es ist auf klassischem Boden nicht bloss

die Natur, die so Gegenstand lehrreichen Studiums wird, es wird dies nicht minder — und darauf kommt es uns jetzt an —. das jetzige Griechenvolk selbst mit der ihm vom Alterthum in ununterbrochener Kette überkommenen und in ihm fortlebenden Ueberlieferung.[2]

Es ist bekannt, wie die Ansicht dass in den Adern der Junghellenen kein Tropfen ächten griechischen Blutes fliesse, dass diese vielmehr ein wüstes Conglomerat zusammengelaufener Barbaren meist slavischer Abstammung seien, einen unverächtlichen Vertreter in dem berühmten Fragmentisten, dem Münchener Fallmerayer gefunden hat. Aber so glänzend, selbst rabulistisch gewandt auch seine Darstellungen sind, so sehr seine satirischen Bemerkungen über die heutigen Zustände von Hellas häufig den Nagel auf den Kopf treffen, und so wenig die mit dem vollen Uebermuthe der Ignoranz über ihn herfallende erbitterte Nationaleitelkeit ihn in irgend einem Hauptpunkte aus dem Felde geschlagen hat: so sicher ist diese mit nicht geringerem Scharfsinn als Hartnäckigkeit verfochtene Hypothese grundfalsch. Sorgfältige Benutzung aller einschlagenden Quellen führt eine besonnene Forschung zu ziemlich abweichenden Resultaten. Allerdings hat im Laufe der Jahrhunderte das hellenische Volk nicht unbeträchtliche Mischung mit fremdem Blute erfahren, aber stets doch nur in so geringen Portionen, dass es sich die fremden Bestandtheile vermöge seiner eminenten Geisteskraft so gut wie völlig assimilirt hat, in keiner Weise von ihnen absorbirt worden ist. Numerisch bedeutend war blos die Einwanderung der Albanesen, welche vorwiegend im Laufe des 14. und 15. Jahrhunderts erfolgte. Allein mit den albanesischen Barbaren, die etwa ein Fünftel der heutigen Bevölkerung von Griechenland ausmachen, sich durch Wechselheirathen zu verschmelzen, haben sich die Griechen bis in die neuesten Zeiten hinein viel zu vornehm gedäucht. Erst die Revolution, deren Hauptthaten, wie ganz ausschliesslich sämmtliche Seeschlachten, dem Heldenmuthe der Albanesen verdankt wurden, hat die strenge Scheidewand, welche sie von den alten Einwohnern des Landes trennte, über den Haufen geworfen, und die Gräcisirung der Albanesen schreitet seitdem mit zunehmender Schnelligkeit vorwärts.

Und um diesen negativen Anhaltspunkten die etwas positiveren hinzuzufügen, welche in Körpergestaltung und Bildung der Physiognomieen im heutigen Hellas liegen, so zeigen sich freilich hier und da deutliche Spuren des slavischen Typus; aber wo sich das alte Blut nachweisbar am reinsten erhalten hat, in der Maina, auf den Cykladen, besonders in Kleinasien und bei den Phanarioten, da begegnen wir überall den schönsten antiken Figuren und Köpfen von wahrhaft klassischem Schnitt.

Schliesslich aber ist ja fürwahr die Nationalität eines Volkes nimmer in absoluter Unversetztheit mit fremden Bestandtheilen beschlossen. Oder wären wir etwa deswegen keine Deutsche mehr, weil wir ein gut Theil slavisches und wendisches Blut in uns aufgenommen haben? Das Wesen und die Eigenständigkeit einer Nation liegt, meine ich, ganz ungleich mehr in seiner Sprache, seinem Denken und Empfinden, seiner ganzen Art und Gesittung. Nun wohl: und zeigen sich nicht in alle dem die modernen Bewohner von Hellas, die doch wahrhaftig nicht als eine bestimmt ausgeprägte Nationalität verkannt werden können, zeigen sie sich nicht als die ächten, wenn schon (wie das in der Natur der Verhältnisse mit Nothwendigkeit liegt) oft entarteten Kinder der Alten?

Eine mit Händen zu greifende Ahnenprobe giebt vor allem die Sprache, der auch in erster Reihe die Griechen die Erhaltung ihrer Eigenartigkeit in den langen Jahrhunderten der Fremdherrschaft zu verdanken haben. Nicht, wie man unglaublich thöricht behauptet hat ³, dem völlig slavisch gewordenen Lande von der byzantinischen Geistlichkeit eingeimpft, sondern eine naturgemäss im Laufe der alles umwandelnden Zeit hervorgegangene, nur mit einer Anzahl türkischer und italiänischer Fremdwörter versetzte, aber von jedem slavischen Einfluss völlig freigebliebene Fortbildung der altgriechischen Volks- und Vulgär-Sprache hat sie in allen Provinzen, aber vorzüglich in Kreta, Maina und den Cykladen, zumal unter Hirten und Schiffern mundartliche Eigenthümlichkeiten und uralte Ausdrücke in Menge bewahrt; ja, in ihr sind, ein sicherer Prüfstein ächter Volkssprache, Formen erhalten, die sprachgeschichtlich ursprünglicher, also älter sind, als die entsprechenden Worte in den ältesten Monumenten der klassischen Litteratur.[4] Noch sind auf diesem so ergiebigen Boden die Sammlungen und Beobachtungen kaum begonnen, und hier die Hand ans Werk zu legen, sollte billiger Weise vor allen Sache der auf ihre vornehme Abkunft so adelsstolzen Griechen sein![5]

Auch der alte Nationalcharakter der Hellenen hat sich in den Grundzügen seines Wesens, zuweilen, wie unschwer erklärlich, nach der minder guten Seite gewandt, bei diesem wahrhaft unzerstörbarem Volke merkwürdig treu bewahrt.

Denn dass den heutigen Griechen alle die Tugenden der Alten, welche nur bei staatlicher Selbstständigkeit gedeihen können, abhanden gekommen sind, begreift sich. Leider ist ihnen auch der Kunst- und Formensinn, den wir als das natürliche Erbtheil jedes Hellenen zu betrachten pflegen, völlig verloren gegangen.[6] Aber im Uebrigen welche frappante Uebereinstimmung! Hier wie dort derselbe hohe Grad geistiger Regsamkeit verbunden mit ausserordentlicher Rede- und Disputier-Fertigkeit; dieselbe intelligente Anstelligkeit, derselbe kecke Muth des Wagens, dieselbe wunderbare Elasticität des Geistes, aber auch dieselbe Unbeständigkeit und vornehmlich derselbe egoistische Ehrgeiz, der die stärkste Triebfeder aller Handlungen ist: auch in dieser Hinsicht kann das Ideal aller Junghellenen Graf Johann Capodistrias als ihr vollgültiger Repräsentant gelten. Und es ist — beiläufig gesagt — kein Spiel des Zufalls, dass im alten wie im neuen griechischen Wörterbuch das Wort „Bescheidenheit" fehlt: dieser Begriff ist nie einem Griechen in den Sinn gekommen.

Auch die bedenklichsten Seiten hellenischer Eigenthümlichkeiten nicht zu verschweigen, so ist die hervorstechendste Eigenschaft der modernen Griechen bekanntlich die unbändige Lust an Lug und Trug, die rein als Uebung persönlichen Scharfsinnes betrachtet und betrieben werden ohne irgend welche Hintergedanken über Zulässigkeit oder Nichtzulässigkeit ihres Handelns.[7] Und — gestehen wir uns offen — war es bei den alten Griechen im Grunde so gar anders? Haben sie sich nicht gleich in ihrem ältesten Nationalepos, der Odyssee, ihr eigenes Spiegelbild vor Augen gestellt in dem Haupthelden, dem „vielgewandten" Odysseus? Ist nicht Wahrheitsliebe und Ehrlichkeit in dem Sinne, den wir Deutschen damit verbinden, den übrigen Hellenen gleich fremd als diesem verschlagenen Ränkeschmied? Auch Aristides, an den man nicht selten erinnert, ist wenig geeignet, unsere Begriffe über die Hellenen in dieser Beziehung zu verbessern. Oder wirft er nicht ein äusserst zweideutiges Licht auf seine Zeitgenossen — und die damalige Zeit gehörte doch sicher zu den unverdorbensten —, wenn das einfache Faktum, dass Aristides bei der Verwaltung von Staatsgeldern keinen Unterschleif trieb und als Friedensrichter sich von keiner der processirenden Parteien bestechen liess, solches Erstaunen erregt, dass man sich beeilt, ihn dafür mit dem Beinamen des Gerechten zu schmücken?

Unverfälschte Ebenbilder der Alten sind die heutigen Bewohner von Hellas auch in ihren politi-

schen Untugenden oder richtiger Lastern, in dem
grenzenlosen Separatismus und Partikularismus. Keine
Erfahrung, kein Unglück, selbst nicht völlige Un-
terjochung und Knechtschaft hat je die Griechen alter wie neuer Zeit zu einem einträchtigen Vorgehen
für das gemeinsame Vaterland bewegen können. Die
Gefahr, die von dem Landesfeinde droht, mag noch
so gross sein, grösser noch ist immer die gegensei-
tige Eifersucht und Missgunst, der Egoismus jeder
Art. Die Alten sind nie über den Geist der Klein-
staaterei und innerhalb der einzelnen Gemeinwesen über
das erbärmlichste Parteigetriebe hinausgekommen.
Von den jetzigen Griechen, welche noch lange nicht
den Verlust ihrer in der Türkenzeit bewahrten und
erst von der jungen Monarchie aufgehobenen Muni-
cipal- und Lokal-Freiheiten verschmerzt haben, haben
nicht zwei ein wirkliches reines Interesse an dem gemeinen Wesen: Jeder denkt an sich — und das vor
allen Dingen —, dann an seine Familie und Freunde,
wenn's hoch geht an seine specielle Heimath, an den
Gesammtstaat keiner.[8] Ich weiss wohl, dass man
nicht selten die antiken und modernen Freiheitskriege
der Hellenen, d. h. die Perserkriege und die Erhebung gegen die Türken als hehre Zeiten nationaler
Einmüthigkeit gepriesen hat. Hinsichtlich der letz-

teren ist selbst bei den enthusiastischsten Philhellenen allmählich das rosenfarbene Licht, in dem man die Dinge sah, erblichen: in Wahrheit füllt gerade diese Jahre eine Kette sehr niedriger Bestrebungen des Ehrgeizes und der Selbstsucht einzelner Parteihäupter, die zur Erreichung ihrer Zwecke auch das Vaterland mit kaltem Bewusstsein in Gefahr stürzten. Hat man denn aber grösseres Recht bei den Perserkriegen von der nationalen Idee zu schwärmen, die damals alle Griechen begeisterte? Schweigen will ich ganz davon, dass Argos und Achaja, Aetolien und Akarnanien, Kreta und Korkyra, also doch wahrlich kein kleiner Theil von Hellas in fauler Neutralität verblieb, dass Böotien und Thessalien sogar zum Nationalfeind abfielen. Auch das wird man begreiflich finden, dass die Aristokratie zumeist eher medisch gesinnt als zur Unterstützung des nationalen Krieges bereit war, einfach, weil sie folgerichtig als unvermeidliches Resultat eines solchen nur durch die Erhebung der Masse zu führenden Krieges eine Stärkung der Demokratie erkannte: exclusiven Junkern hat eben zu allen Zeiten die Aufrechterhaltung der Privilegien ihrer Partei für wichtiger gegolten, als das Wohl des Vaterlandes! Aber wie stand es denn mit der Eintracht zwischen den beiden

Hauptführern des Kampfes, Athen und Sparta? Vor der Schlacht bei Marathon um Unterstützung gebeten, schützten die Spartaner eine veraltete heilige Satzung vor und liessen die Athener allein schlagen. Im zweiten Perserkriege war es das einzige Bestreben derselben Spartaner, die Athener durch den Feind so weit schwächen zu lassen, dass in Zukunft an eine Rivalität zwischen Athen und Sparta nicht mehr zu denken sei. Zwei Male gaben sie Stadt und Land der Athener muthwillig und gegen bestimmt ertheiltes Versprechen der völligen Zerstörung durch die Perser Preis: und als sie schliesslich doch nach dem böotischen Platää vorrückten, so geschah auch das wahrlich nicht zufolge einer edlen patriotischen Aufwallung, sondern lediglich, weil auf der Hand lag, dass, um Athen nicht in die Arme der Feinde zu treiben und so sich selbst zu gefährden, jetzt etwas für dasselbe gethan werden müsse. Zweifelsohne sind herrliche Heldenthaten in den Perserkriegen verrichtet, die Athener und Platäer haben eine Opferfreudigkeit bewährt, die vielleicht beispiellos in der Geschichte dasteht, aber Zustände, wie die geschilderten, mit dem Prädikate nationaler Eintracht auszuzeichnen, das liegt doch jenseits der Grenze des Möglichen!

Unmittelbaren Zusammenhang mit dem Alterthum erweisen endlich die weitverzweigten Spuren hellenischen Heidenthums und antiker Vorstellungsweise, die in Mährchen und Sagen, im Kultus, im Volksglauben und Aberglauben, in Sitten und Gebräuchen, in Sprüchwörtern und sprüchwörtlichen Redensarten [9], kurz in der gesammten Denkweise bis in die Gegenwart des heutigen Griechenlands hinein überliefert sind.

Billig gedenken wir hier zuerst der neugriechischen Mährchen, eines Schatzes, welchen man erst in dem verflossenen Jahre angefangen hat zu heben, und der rührigen Schatzgräbern noch manches edle Goldkorn verspricht. Nachdem die Gebrüder Grimm mit der Sammlung und wissenschaftlichen Ausbeutung der deutschen Mährchen auch auf diesem Gebiete Bahn gebrochen hatten, ist bei dem durch ihr Beispiel hervorgerufenen regen Eifer der Untersuchung immer unzweifelhafter zu Tage getreten, dass in den Mährchen die letzten Ausläufer uralter Mythen und Ueberreste eines in die ältesten Zeiten hinaufreichenden Glaubens enthalten sind. Wie sich dabei eine unläugbare Verwandschaft der Mährchen sämmtlicher Völker der grossen indogermanischen Familie und damit das höchste Alter dieser Volksproduktionen herausgestellt hat, so haben doch wieder trotz dieses

„allgemeinen Grundlautes epischer und mythischer Elemente" jedes Volkes Mährchen ihre eigenthümlichen Besonderheiten, die mit seiner speciellen heidnischen Mythologie in oft klar vor Augen liegender, oft auch für den geübtesten Forscherblick bis zur Unerkennbarkeit verwischter Beziehung stehen. So sind auch die neugriechischen Mährchen fortgepflanzt von Geschlecht zu Geschlecht durch den konservativsten Theil der Menschheit, alte Weiber und Ammen, die nur im engsten Kreise gläubigandächtiger, vorwiegend kindlicher Zuhörer ihre Kleinodien verausgabten, dagegen dieselben mit tiefgewurzelter Scheu keinem fremden Ohre anvertrauten — noch heute ist es für den Fremden so gut wie unmöglich, von den mährchenkundigsten Frauen auch nur ein Mährchen erzählt zu bekommen —, so fortgepflanzt, sage ich, sind die neugriechischen Mährchen keineswegs wie man früher wohl, ehe eine Sammlung versucht war, vermuthete, entlehnt aus den arabischen Mährchen von 1001 Nacht, (mit denen sich vielmehr so gut wie keine Berührungen zeigen), sondern haben in ächt origineller in vielem Betracht den deutschen am nächsten stehender Fassung mannichfaltige Anklänge an die hellenische Mythenwelt bewahrt. Nirgends wohl ist dies augenscheinlicher als in dem Stück, welches die ganze gefühlvolle in der kindlichsten Sympathie mit der Natur wurzelnde und dadurch den Mährchen nahe verwandte hellenische Sage von der Verwandlung der Philomele in eine Nachtigall und der Prokne in eine Schwalbe in getreuer Wiedergabe bietet [11].

Auch sonst ist Manches aus der alten Mythologie seinem wesentlichen Kern nach erhalten. Am wenigsten von den grossen Göttern, die von dem Vertilgungseifer der christlichen Geistlichkeit mit ganzer Strenge verfolgt, höchstens hie und da ihre Namen in verdunkelte Ausrufe geflüchtet haben, wie vielleicht Zeus in einen kretischen Schwur [12].

Dagegen haben sich die Nebengestalten des heidnischen Mythus leichter geborgen und gerettet. So sind ächt heidnisch und nur aus direktem Zusammenhang mit dem Alterthum zu erklären die Fabeln der Neugriechen über Tod und Leben nach dem Tode, wie sie dieselben dort, „wo sich immer der reinste und wahrste Ausdruck der gemeinsamen Ansichten und Gefühle eines Volkes zeigt", in ihren Volksliedern niedergelegt haben. Charon, der mürrische greise Ferge der Alten, der auch bei ihnen nicht bloss als Fährmann die zusammengetriebenen Seelen der Todten über das Wasser des Acheron setzt, sondern eigenhändig Alte und Junge von der Oberwelt räuberisch nach dem Hades schleppt, dieser Charon tritt auch bei den Neugriechen mit dem nur in der Endung abgebeugten Namen Charos auf als die Personifikation des Todes, namentlich des unerwarteten, frühzeitigen [13]. In verschiedenartigster Weise, selbst als Vogel oder irgend ein anderes Thier verkleidet lauert er den armen Sterblichen auf, überfällt sie und bleibt in dem Kampfe, der oft mit grosser Heftigkeit entbrennt, stets Sieger, um seine Beute mit sich fort zu schleppen [14]. Zumeist sieht man ihn mit seiner schwarzen Schaar über das Gebirge ziehen. Er selbst reitet (wie auch im deutschen Aberglauben der Tod zu Pferde erscheint und die Verstorbenen auf sein Pferd setzt); Jünglinge gehen vor ihm her, Alte folgen ihm nach, die kleinen Kinder sind an seinen Sattel festgebunden. So erscheint er in dem berühmten Volkslied, dessen hohe Schönheit selbst Göthe überraschte [15]:

> Was sind die Berge doch so schwarz und steh'n
>   in Trauerkleidern?
> Ist's, weil ein Sturmwind sie bekämpft? weil sie zer-
>   schlägt ein Regen?
> Nein, es bekämpft kein Sturmwind sie, zerschlägt
>   sie auch kein Regen:
> Der Charon zieht darüber hin mit einer Schaar von
>   Todten.

Er treibt die Jungen vor sich her und hinterdrein
die Greise,
Und an den Sattel angereiht hat er die zarten Kinder.
Es bitten ihn die Greise wohl, es fleh'n ihn wohl
die Jungen:
„O lieber Charon, halt am Dorf, halt an der kühlen
Quelle,"
„Auf dass die Greise trinken gehen, die Jungen
Diskus werfen [16],"
„Und dass die kleinen Kindelein sich schöne Blumen
pflücken."
„„Nein, ich halt' an dem Dorfe nicht, nicht an der
kühlen Quelle;""
„„Die Mütter, die nach Wasser gehen, erkennten
sonst die Kinder,""
„„Und Mann und Weib erkennten sich und wären
nicht zu trennen.""[17]

So geleitet Charon die Seelen in den Hades. Dieser ist auch den heutigen Griechen noch eine dunkele, kalte und wasserlose Behausung unter der Erde; es ist ein völlig trostloser Aufenthalt [18], denn Wasser [19] und Licht sind den Griechen die zwei köstlichsten und zum Leben unentbehrlichsten Dinge. Eine Treppe führt in diesen Hades hinab, eine Thür verschliesst ihn; hier sitzt der unerbittliche Wächter Charon und lässt keine Seele zurück zu dem Lichte, nach dem sie sich sehnt [20].

Auch astronomischen Mythen begegnet man noch vereinzelt. Denn wenn die Schiffer der griechischen Kykladen noch heute über die für die Schiffahrt so einflussreichen Gestirne der sieben Pleiaden und des Orion sagen: »die sechs Schwestern haben die siebente erschlagen, und Orion ist ihr Bräutigam«, so ist das ein deutlicher Nachklang der althellenischen phantasievollen Dichtungen, die durch den doppelten Umstand hervorgerufen wurden, dass Orion den Pleiaden immer dicht auf den Fersen folgt und dass der Pleiaden eigentlich sieben sind, aber nur sechs deutlich gesehen werden. [21]

So nackt wie in diesen Fällen liegt freilich nicht allzuhäufig die Tradition der alten Mythologie zu Tage; aber unter der Hülle des Christenthums zeigen sich in Hellas nur leicht verschleiert massenweise Spuren des Heidenthums.

Als nämlich im Laufe des 5. und 6. Jahrhunderts das gesammte hellenische Volk von den byzantinischen Kaisern zur Bekehrung gezwungen worden war, fand das Christenthum äusserst schweren Eintritt bei der durchaus heidnisch verbliebenen Menge. Deshalb sahen sich die Priester genöthigt möglichst schonsam mit dem alten Glauben umzugehen, christliche Lehren mit ähnlichen Vorstellungen des Heidenthums zu parallelisiren, wie Christi Menschwerdung mit der Geburt der Athene, möglichst die alten Götter und Heroen durch wesensverwandte christliche Heilige zu ersetzen, wie Poseidon den Gott des Meeres durch den heiligen Nikolas, den Schutzpatron der Schiffer, der gleich jenem die wogende See beruhigt, und so in hundert an tausend ähnlichen Beispielen. Soviel irgend thunlich, behielt man dabei bereits durch heidnische Verehrung geweihte Stätten für den neuen Kult bei; so wurde z. B. der Parthenon, der Tempel der Jungfrau-Mutter Athene verwandelt in eine Kirche der jungfräulichen Mutter Christi; so löste den auf feurigem Wagen am Himmel fahrenden Sonnengott Helios (oder wie man sicher damals schon sagte Ilios) in seinen auf hohen Bergen gelegenen Heiligthümern ab der auf feurigem Wagen gen Himmel fahrende, auch lautlich nahe stehende Elias (Ilias). So blieb unter Vertauschung des Namens die Grundbedeutung des zu verehrenden Wesens meist dieselbe, und lange genug mag halb unbewusst das Volk unter den neuen Namen seine alten Gottheiten angebetet haben.

Gleicher Weise ging nun in den Legendenkreis, der sich um die als Vermittler der höchsten Gottheit dem Herzen des einfachen Mannes näher getretnen Heiligen rasch ansetzte, ein guter Theil des alten mythischen Glaubens in wenig getrübter Gestalt über. Wie die Alten glaubten, dass Herakles Kreta von wilden und schädlichen Thieren befreit habe und es deshalb dort weder Wölfe noch Bären noch Schlangen gäbe, so erzählen die heutigen Kreter ganz dasselbe von dem Apostel S. Paulus [22]. Aehnlich übernahm die Rolle des alten Weingottes Dionysos der besonders beliebte heilige Dionysios, wie eine reizende Legende zu zeigen vermag, die ich mir nicht versagen kann aus dem Munde eines alten böotischen Bauern ganz mitzutheilen [23]:

»Als Dionysios noch klein war, machte er eine Reise durch Hellas, um nach Naxia zu gehen (Naxia ist der heutige Name von Naxos, dem alten Hauptsitz des Dionysoscultes); da aber der Weg sehr lang war, ermüdete er und setzte sich auf einen Stein um auszuruhen. Als er nun so da sass und vor sich niederschaute, sah er zu seinen Füssen ein Pflänzchen aus dem Boden spriessen, welches er so schön fand, dass er sogleich den Entschluss fasste, es mitzunehmen und zu pflanzen. Er hob das Pflänzchen aus und trug es mit sich fort; da aber die Sonne eben sehr heiss schien, fürchtete er, dass es verdorren werde, bevor er nach Naxia komme. Da fand er ein Vogelbein und steckte das Pflänzchen in dasselbe und ging weiter. Allein in seiner gesegneten Hand wuchs das Pflänzchen so rasch, dass es bald unten und oben aus dem Knochen herausragte. Da fürchtete er wieder, dass es verdorren werde und dachte auf Abhülfe. Da fand er ein Löwenbein, das war dicker als das Vogelbein, und er steckte das Vogelbein mit dem Pflänzchen in das Löwenbein. Aber bald wuchs das Pflänzchen auch aus dem Löwenbein. Da fand er ein Eselsbein; das war noch dicker als das Löwenbein. Und er steckte das Pflänzchen mit dem Vogel- und Löwenbein in das Eselsbein; und so kam er auf Naxia an. Als er nun das Pflänzchen pflanzen wollte, fand er, dass sich die Wurzeln um das Vogelbein, um das Löwenbein und um das Eselsbein fest geschlungen hatten. Da er es also nicht herausnehmen konnte, ohne die Wurzeln zu beschädigen, pflanzte er es ein, wie es eben war; und schnell wuchs die Pflanze empor und trug zu seiner Freude die schönsten Trauben, aus welchen er sogleich den ersten Wein bereitete und den Menschen zu trinken gab. Aber welch Wunder sah er nun! Als die Menschen davon tranken, sangen sie anfangs wie die Vögelchen; und wenn sie mehr davon tranken, wurden sie stark wie die Löwen; wenn sie aber noch mehr davon tranken, wurden sie — wie die Esel.«

Wie eng sich ferner das Christenthum in Griechenland in Festen und religiösen Ceremonien den heidnischen Gebräuchen, die es veredelt beibehielt, anschmiegte, zeigt für jeden Augenzeugen auf das schlagendste die heutige Charfreitags- und Oster-Feier. Während des ganzen Charfreitags wird in der Mitte der griechischen Kirchen der Leichnam Christi in Wachs gegossen ausgestellt und von der herbeiströmenden Menge mit inbrünstigen Küssen bedeckt; dabei hallt die ganze Kirche wieder von traurig-eintönigen Klageliedern. Spät Abends, wenn es ganz dunkel geworden ist, wird dieses Wachsbild auf einer mit Citronen, Rosen, Jasmin und anderen Blumen geschmückten Leichenbahre von den Priestern auf die Strasse getragen, [24] und es beginnt ein grossartiger Umzug dichtgedrängter Schaaren, welcher sich feierlich-langsamen Schrittes durch die ganze Stadt bewegt. Dabei trägt jeder männiglich seine Kerze und bricht in ein schmerzliches Wehklagen aus. Vor allen Häusern, an denen die Procession vorbeigeht, sitzen Frauen mit ihren Weihrauchgefässen den Zug anzuräuchern. So bestattet die Gemeinde feierlich ihren Christus, gleich als ob er wirklich eben gestorben wäre. Schliesslich wird das Wachsbild wieder in der Kirche niedergesetzt: und dieselben untröstlich klagenden Gesänge erschallen von Neuem. Dieses Wehklagen dauert unter dem strengsten Fasten fort bis Sonnabend Mitternacht. Schlag zwölf Uhr tritt der Bischof auf und verkündet die Freudenbotschaft: »Christus ist auferstanden«, worauf die Menge antwortet: »Ja, er ist wahrlich auferstanden«; und sofort erbebt die ganze Stadt von dem lärmendsten Jubel, der sich in gellendem Geschrei wie in unendlichen Böller- und Flinten-schüssen und Losbrennen von Feuerwerk jeder Art Luft macht. Und noch in selbiger Stunde stürzt man sich nach den masslosen Fasten zum Genuss des Osterlamms und des ungemischten Weins.

Diese wehklagende nächtliche Trauerprocession nun, der Umzug mit Lichtern, der leidenschaftliche Uebergang von schmerzlichem Verlust zum Jubel über die glückliche Rückkehr des Verlorenen, dem der Uebergang von ascetischem Fasten zu ungezügelter Festfreude entspricht, alles kehrt genau so bei der Festfeier der Eleusinien wieder.[25] Da bejammerte man mit lautem Wehklagen die der Unterwelt verfallene Tochter der Demeter in grossen nächtlichen Fackelumzügen; da fastete man neun Tage lang, wie die schmerzreiche Demeter, die ohne zu essen und zu trinken in den Händen das Licht hellbrennender Fackeln die Erde durchstreifte ihr geraubtes Kind zu suchen. Endlich in der zehnten Nacht fand sie ihre verlorene Tochter wieder: da schloss auch die Trauer der Menschen mit der tollsten Jubelfreude über die zurückgekehrte Persephone. Dazu fiel das eine Hauptfest dieser Eleusinien auch der Zeit nach mit dem christlichen Ostern zusammen: denn es war Ende März, dass man so die Rückkehr der Persephone, d. h. das Wiederaufstehen der Vegetation im Lenz begrüsste. Und erkannten die Hellenen in der Wiederkehr der entführten Kore nicht ebenfalls ein Vorbild des neuen Lebens, das nach dem Tode ihren Verehrern unvergänglich erblüht, ganz wie der auferstandene Christus der Erstling ist, dem gleich alle die ihm angehören auferweckt werden sollen von dem Tode? Man sieht, der Anknüpfungspunkte gab es hier mancherlei: und gleich wie bei uns Deutschen das Fest der heidnischen Frühlings- und Licht-göttin Ostara in das Auferstehungsfest Christi umgewandelt wurde — Ostereier und Osterfeuer sind noch unzweifelhafte Reste des heidnischen Cultus —, so schuf man in Griechenland das Frühjahrsfest der Auferstehung der Persephone unter Beibehaltung der hergebrachten Ceremonien in das Osterfest um.

Völlig gleich der antiken religiösen Praxis ist sodann der heutige griechische Gebrauch, dass solche, die Genesung zu erlangen wünschen oder erlangt haben, dem deshalb angeflehten Heiligen eine Darstellung des betreffenden erkrankten oder geheilten Gliedes meist auf Silberplatten weihen; nur dass an Stelle der alten Heil-Götter und Heroen jetzt Gesundheit spendende Heilige getreten sind.

Auch ist die liebliche Sitte der Junghellenen ein Gebet zu verrichten, wenn der Abendstern aufgeht, als ein Rest uralten Naturdienstes nicht zu verkennen.[26]

Wenn sich so schon unmittelbar an das Christenthum das Heidenthum zudringlich anzuranken wagte, so blieb heidnischer Wahn und Aberglaube erst recht bei dem der Mythe bedürftigen Volke an all den Stellen haften, welche er von der neuen Lehre unbesetzt fand.

Den Alten war die ganze Natur, auch in all den Gegenständen, die wir jetzt todt nennen, des lebendigen Gottes voll: in Wald und Grotten, in Quellen und Flüssen, überall regten sich göttliche oder halbgöttliche Wesen. Nicht minder haben die christlichen Griechen das ganze Land mit überirdischen Geistern angefüllt; und felsenfest steht noch im Herzen des gemeinen Mannes der Glaube an ihre Wirklichkeit und Macht gegründet.[27] Ursprünglich Wassernymphen, allmählich aber zu allgemeinerer Bedeutung ausgedehnt sind ihre **N e r a i d e n** (dem Wortlaute nach Wassergeister), auch euphemistisch »gute Herrinen« genannt.[28] Sie hausen nicht bloss in Flüssen und Brunnen,[29] sondern gleich den Nymphen der Alten in Höhlen und Grotten,[30] auch in Wäldern und auf Bergen. Besonders Mittags üben sie ihre schädliche Gewalt aus; wer zu dieser Zeit einen Ort passirt, wo sie hausen — und ihr Lieblingsaufenthalt ist dann im Schatten der Bäume, namentlich unter einer Pappel oder Platane, auch an Quellen oder fliessendem Wasser —, erhält von ihnen einen Schlag, in Folge dessen er in nervöse Krankheiten verfällt.[31] Wie alle Elbe und Nixen haben dieselben grosse Freude an Tanz, Musik und Gesang und fordern wohl auch die Sterblichen auf zu spielen und zu singen. Auch sonst pflegen sie mit den Menschen Umgang, der den Auserkiesenen zwar oft Reichthümer einbringt, aber meist schwermüthige Krankheiten und Absterben zur Folge hat, gleichwie die Nymphen der Alten ihre Lieblinge durch den Tod raubten. Vornehmlich lüstern sind sie nach hübschen Kindern, die sie zu sich in das Wasser locken: so wurde auch im hellenischen Mythus der schöne Hylas von den Nymphen ins Wasser gezogen. Für die Königin dieser Neraiden gilt wenigstens in Elis (ich weiss nicht ob auch anderswo) die Lamia, welche in wahrhaft überraschender Uebereinstimmung mit ihrer ursprünglichsten Fassung in der hellenischen Mythologie noch jetzt auf dem Meere als mächtiger Geist herrscht. Sie ist ein den Schiffern feindliches und gefährliches Wesen; ihr Werk ist die Wasserhose und jeder sonstige Wirbelwind.[32] Letzteren schreibt man gewöhnlich einfach den Nereiden zu,[33] und besonders drohlich schreiten diese in solchem Sturme einher. Wem dann sein Leben lieb ist, der muss sich vorsichtig ducken;[34] und in Athen murmeln bei Wirbelwind alte Frauen, um sich die Unholdinnen günstig zu stimmen »Milch und Honig auf euren Weg«.[35]

Uebrigens ist die eben erwähnte Lamia auch in ihrer bekannteren althellenischen Schreckgestalt als Kinder fressendes Wesen mitsammt den übrigen Gespenstern, mit denen die Alten ihren unartigen Kindern Furcht einjagten, der Empuse, Mormo und Gorgo, in dem Glauben des Volkes noch durchaus lebendig.[36] In Brunnen schlagen ausserdem noch ganz besondere Geister ihren Wohnsitz auf;[37] so wagt in Mykonos kein Mensch Wasser zu schöpfen, ohne vorher den Brunnengeist dreimal ehrerbietig begrüsst zu haben.[38]

Die Erscheinung all dieser Geister wird das griechische Volk nicht müde mit den glänzendsten Farben auszumalen.[39] Ein argolischer Bauer erzählte an

Sutsos, den nationalen Geschichtsschreiber der hellenischen Freiheitskämpfe [40], dass in der Nähe einer Mühle eine Neraide von grünem mit Perlen und Korallen geschmücktem Haupthaar am Tage ihre Kleider auf den Klippen zu trocknen pflege und oft bei Mondesschein freudige Tänze auf der Meeresfläche aufführe. Und als Sutsos den Ungläubigen spielte, schlug der Bauer wiederholt ein grosses Kreuz und sagte: »Wie, du glaubst nicht an Geister? Noch ist es kein Monat her, dass eines von ihnen im Dorfe Anathema Verwüstungen angerichtet hat, es hatte die Dicke eines grossen Schiffsmastes, durchschnitt die Luft, wie ein Pfeil, schwamm unter den Wogen mit der Geschwindigkeit eines Delphins, schwang sich von einem Berg auf den andern und legte jeden Augenblick ein blutiges Kleid ab, um dagegen ein mit Saphiren und Smaragden besetztes wieder anzuthun.«

Mit dem **Ursprung fürchterlicher Krankheiten**[41] verknüpfen gleichfalls die Hellenen noch heute verwandte mythische Vorstellungen wie ihre Vorfahren. Diese dachten sich die Pest als ein hässliches schwarz gekleidetes altes Weib, die Nachts im Vorübergehen tödtliches Gift aushauche. Aehnlich stellen ihre Nachkommen sie dar als blinde Frau, die Haus bei Haus die Städte durchläuft und alles tödtet, was sie berührt. Aber da sie nur an den äussern Wänden hintappt, so erreicht sie alle die nicht, welche sich sorgfältig im Innern des Hauses halten. Noch klassischer und poetischer ist eine andere heutige Vorstellung in Griechenland, die den alten mythischen Gedanken von den drei Parzen mit einiger Willkür ummünzt. Nach dieser besteht nämlich die Pest aus drei Frauen, die gemeinschaftlich durch die Städte rennen diese zu veröden. Die eine trägt eine grosse Rolle Papier, die andere führt eine scharfe Scheere, die dritte einen Besen. So treten sie in die Häuser ein, aus denen sie ihre Opfer holen wollen. Die erste schreibt den Namen des Unglücklichen in die Rolle ein, die zweite verwundet ihn mit der Scheere, und die dritte fegt ihn aus.[42]

Was aber die Alten von eigentlichem abergläubischem Wahn hegten, das ist in Hellas heute noch ebenso mächtig, wenn nicht mächtiger, als im Alterthum.[43] Allgemein verbreitet ist noch die Furcht vor dem bösen Blick.[44] Menschen und Thiere sind ihm gleich ausgesetzt und müssen deshalb ebenmässig durch Anhängen von Amuletten geschirmt werden: besonders Knoblauch, Salz und Kohle nebst Krebsscheeren und Schweinezähnen dienen als Amulett; auch Anspeien und Beschmieren mit Schmutz hat abwehrende Kraft. Vornehmlich bedürfen ungetauften Kinder des Schutzes; diese stehen überhaupt noch völlig unter dem Einfluss der Geister in den Lüften, nach deren Universalnamen sie selbst auch Drachen genannt werden.[45] Sowie man ein solches neugebornes Kindlein erblickt, ist es geboten, sofort Knoblauch zu sagen und es anzuspeien.[46]

Nicht minder ist bis auf den heutigen Tag der Glaube an die bereits im Alterthum hochberühmten thessalischen Zauberinnen und ihren ausgedehnten Einfluss auf Menschen und Vieh im Volke lebendig. Gleich den alten sind sie im Stande den Lauf der Natur, wo sie wollen, zu unterbrechen: sie können Gestirne auf- und untergehen lassen, ja den Mond vom Firmament herabziehen und ihn in eine Kuh verwandeln,[47] um diese zu melken und mit der gewonnenen Milch unwiderstehliche Zaubereien zu vollbringen: auch ist es ihnen ein Leichtes, mittelst eines kleinen Stabes Palläste zu bauen uud zu zerstören, und was der Wunderdinge mehr sind. Wie die Magierinnen der Alten murmeln sie ihre unverständlichen Zauberformeln beim Schein des Mondes her, indem sie auf glühende Kohlen Salz, Mehl und trockene Lorbeerblätter streuen: auch den ganzen feierlichen Spuk antiker Zauberinnen, welche auf

Scheiten wilden Holzes Nachts eine Schlange verbrannten, ihre Asche den Winden übergaben, dieselbe auf die Berge zu tragen, dann ohne sich umzudrehen nach Hause zurückkehrten, kann man in allen Einzelnheiten des Ritus noch heute sich wiederholen sehen. [48]

Endlich sind in unabsehbarer Menge Gewohnheiten, Sitten und Gebräuche jeder Art bis zu den Gesten der Pantomimik herunter [49] treu vom Alterthum bis auf die Gegenwart fortgeführt: sie blieben, wie natürlich, am leichtesten und am meisten bei den wichtigsten Ereignissen des menschlichen Lebens haften, vorzüglich bei dem Anfangs-, Höhe- und Endpunkt desselben, der Geburt, der Hochzeit und dem Tode. [50] Doch all das übergehe ich, da hier die Fülle auch nur in ihren Grundzügen zu erschöpfen doch schier unmöglich ist; und gedenke zum Schluss nur noch der anmuthigen kindlichen Feier, mit der man von Alters her Frühlings Anfang in Griechenland begeht.

Wenn im Frühjahr die erste Schwalbe sich zeigte, zögen der alten Hellenen Kinder auf Rhodos mit einer Schwalbe in der Stadt herum, ein kleines Frühlingsliedchen abzusingen und sich dafür allerhand Geschenke an Speise und Trank in kindlich übermüthigem Tone auszubitten, was man schwalbeln nannte. Ihr trotziges Verschen lautete also:

Die Schwalbe ist wieder,
Ist wieder gekommen;
Sie bringet den Frühling
Und liebliche Tage.
Weiss ist sie am Bauche,
Schwarz ist sie am Rücken.
Wie? giebst du nicht eine Feige
Uns aus dem reichen Haus?
Eine Schaale mit Wein,
Ein Körbchen mit Käs' und Mehl?
Eiersemmelchen auch
Liebet die Schwalbe.
Nun, sollen wir was kriegen, oder soll'n wir gehn?
Dein Glück, wenn du uns giebst, sonst rächen wir
uns gleich;
Wir schleppen dir die Thüre mit der Schwelle fort,
Oder auch die Frau, die drinnen sitzt, die holen wir.
Klein ist sie ja, leicht holen wir die kleine Frau.
Doch bringst du etwas, bringe nur recht viel und gut.
Mach auf die Thür', der Schwalbe mach die Thüre auf.
Nicht Alte sind wir, sind ja junge Kinder noch. [51]

So „schwalbelt" auch heutigen Tages noch die neugriechische Jugend jeden ersten März und singt, indem sie eine hölzerne Schwalbe auf einem Cylinder unaufhörlich herumdreht:

Schwalbe kommt geflogen an von dem schwarzen
Meere her,

Ueber's Meer kam sie daher und sie fand dort einen
Thurm,
Setzte nieder sich und sang: März, o März mit deinem
Schnee,
Und du nasser Februar,
Der April, der freundliche, ist nicht weit, wird kommen bald;
Singen doch die Vöglein schon, und die Bäume werden
grün,
Und die Hühner glucken schon, haben Eier auch gelegt,
Und die Heerden fangen an wieder auf die Höh'n zu
ziehn,
Zicklein hüpfen schon herum, fressen junge Blätter ab.
Thiere, Vögel und der Mensch, Alles freut von Herzen sich:
's ist vorbei nun mit dem Frost, mit dem Schnee und
mit dem Nord:
März, o März, mit deinem Schnee und du schmutz'ger
Februar!
's nahet schon April, der schöne, fort nun März, fort
Februar! [52]

So erinnert in diesen und hundert anderen Beziehungen, die hier nur nach den Hauptgesichtspunkten anzudeuten möglich war, in Griechenland die Gegenwart an die Vergangenheit.

Der dadurch unwillkührlich hervorgerufene Vergleich beider Zeiten lässt denn freilich den traurigen Abstand zwischen dém elenden Heute und dem grossartigen Damals doppelt schmerzlich empfinden. Gern werden wir ja dieser hellenischen Nation, der wir ein hohes Interesse immer noch nicht versagen können, wünschen, dass die Zukunft eben so weit von der Gegenwart abstehe als diese von der Vergangenheit. Auch wird sich ganz abgesehen von dieser gemüthlichen Theilnahme bei ruhiger und nach allen Seiten hin unparteiisch unternommener Prüfung der Sachlage nicht verkennen lassen, dass gar mancherlei Elemente auch in dem modernen griechischen Volke vorhanden sind, welche dasselbe hervorragend befähigen, das Salz des Orients zu werden. Allein das steht gleichwohl nicht minder sicher: fahren die Griechen fort, dasselbe erbärmliche Schauspiel aufzuführen, was sie seit ihrer Befreiung von der Türkenherrschaft vor dem ärgerlich enttäuschten Europa bisher mit wenig beneidenswerther Consequenz gespielt haben, verabsäumen sie auch fernerhin, die immer einer politischen Erhebung (falls sie Bestand haben soll) vorausgehen und zu Grunde liegen muss, die innere Wiedergeburt, dann werden sich die sauerblütigen Prophezeiungen Fallmerayer's dennoch erfüllen!

Anmerkungen

1) vgl. Goettling in Ber. d. sächs. Ges. d. Wiss. 1846 S. 157; Curtius *griech. Gesch.* I S. 135.

2) Schon früh hat sich die Aufmerksamkeit Heimischer wie Fremder diesem Gegenstand zugewandt, leider aber bis jetzt zumeist in einem ungewöhnlich hohen Grade von Kritiklosigkeit alles wild durcheinander geworfen und oft Dinge zur Sprache gebracht, die weiter nichts lehren als dass einfache Hirten und Schäfer eben zu allen Zeiten einfache Hirten und Schäfer sind, oder im günstigsten Falle dass „Gleichheit der Beschäftigung und des Lebens und Aehnlichkeit der Verhältnisse und Schicksale unter gleichem Himmel bei einem sich selbst überlassnen Geist immer ähnliche Erzeugnisse hervorbringen." Viel Einschlägiges hat bereits die zahllose Schaar der Reisenden, die durch die klassischen Lande gepilgert sind, bemerkt; am ausführlichsten, aber leider auch äusserst unzuverlässig spricht davon der flüchtige Franzose Pouqueville in seiner *voyage dans la Grèce* Bd. VI. 19 Kap. III u. IV (2. *édit. Paris 1827*); auch von den übrigen, die einzeln aufzuführen sinnlos wäre, hat kaum einer unterlassen, je nach Vermögen seine Betrachtungen über diesen Punkt anzustellen. Aber auch Bücher und Abhandlungen, die sich ausschliesslich dieser Aufgabe der Vergleichung des heutigen Hellas mit dem alten widmen, sind in einer nicht ganz geringen Anzahl vorhanden.

Den ersten Versuch machte Guys *voyage litteraire de la Grèce ou lettres sur les Grecs anciens et modernes avec une parallèle de leurs moeurs. Paris 1783* in einer Reihe liebenswürdig geschwätziger, aber nicht eben tief gehender Briefe. Ein weniges verlässiger ist die Arbeit von North Douglas *an essay' on certain points of resemblance between the ancient and modern Greeks 3. edit. London 1813.* Sehr geringe Ausbeute gewährt auch Andrea Papadopulo-Vretò *memoria su di alcuni costumi degli antichi Greci tuttora esistenti nell' isola di Leucade 2. edit. Napoli 1825* (wo z. B. S. 60 von den alten Griechen hergeleitet wird »*il barbaro costume, che hanno i pedagoghi di battere e di staffilare i ragazzi nelle scuole*«). Eine erstaunliche Höhe der Willkühr zeigt dann die Schrift von Bybilakis, *neugriechisches Leben verglichen mit dem altgriechischen; zur Erläuterung beider. Berlin 1840;* doch bringt sie aus Kreta, woher der Verfasser stammt, einiges Brauchbare; übrigens steht, wie ich höre, eine zweite vermehrte Auflage des Büchleins in griechischer Bearbeitung binnen Kurzem zu erwarten. Dagegen findet man gar nichts in unsere Frage Einschlagendes, was man nach dem Titel doch suchen muss, in Quinet *de la Grèce moderne et de ses rapports avec l'antiquité. Paris 1830* (einem ziemlich leicht wiegenden Raisonnement), in Ad. Strahl *das alte und das neue Griechenland. Eine Parallele, gezogen auf einer Reise nach Athen und der Morea. Wien 1841* (einer Arbeit der unreifsten Mittelmässigkeit), noch auch bisher in dem Buche des Comte Marcellus *les Grecs anciens et modernes vol. I. Paris 1861*, wo wohl die folgenden Bände Neugriechisches bringen sollen.

Verschiedenes ist fernerhin zusammengestellt von Anastasios Leukios ἀνατροπὴ τῶν δοξασάντων, γραψάντων καὶ τύποις κοινωσάντων, ὅτι οὐδεὶς τῶν νῦν τὴν Ἑλλάδα οἰκούντων ἀπόγονος τῶν ἀρχαίων Ἑλλήνων ἐστίν. Ἀθην. 1843, wo er S. 16—32 περὶ τῶν ἔτι σωζομένων ἀρχαίων ἐθημοσινῶν in herzlich schwacher Weise spricht, dann, freilich auch hier ohne jede Kritik, von Pittakis ὕλη ἵνα χρησιμεύσῃ πρὸς ἀπόδειξιν, ὅτι οἱ νῦν κατοικοῦντες τὴν Ἑλλάδα εἰσὶν ἀπόγονοι τῶν ἀρχαίων Ἑλλήνων in der ἐφημερὶς ἀρχαιολογική φυλλ. 30. 1852. S. 644—664, und endlich von Télfy *Studien über die Alt- und Neu-Griechen und über die Lautgeschichte der griechischen Buchstaben. Leipzig 1853.* I S. 1—35. Ziemlich seicht ist der Aufsatz von Kohl im *Ausland* 1861. N. 33. 34. 35. (*Die Hellenen und die Neu-Griechen.*) Auch Landerer (Professor an der athenischen Universität und s. Z. Königl. Hofapotheker) hat in einer langen Serie von Aufsätzen im *Ausland* und verschiedenen pharmaceutischen wie botanischen Zeitschriften seine confuse Gelehrsamkeit über diesen Gegenstand ergossen. Viel Tüchtiges bietet endlich hie und da verstreut der gelehrteste der Neugriechen *Adamantios Korais* in seinen fünf Bänden Ἄτακτα und auch in den Anmerkungen zu seinen Ausgaben griechischer Schriftsteller Theophrast, Aesop u. s. w. Dagegen ist die von Spon angekündigte Abhandlung des bekannten Jesuiten Babin über Sitten und Gebräuche der Bewohner der Jnsel Negroponte nicht zur Veröffentlichung gekommen. Und ob die im Jahre 1861 an der athenischen Universität gestellte Preisaufgabe (ἀγώνισμα), das häusliche Leben der Griechen bei Homer zu beschreiben und auch mit den jetzigen Gebräuchen zu vergleichen, einen glücklichen Bearbeiter gefunden hat und dessen Studien zum Druck gelangt sind, vermag ich wenigstens nicht anzugeben.

Bei einer neuen Aufnahme der noch immer sehr dankbaren Arbeit würde vor allen eine strenge Ausscheidung des von Albanesen, Slaven, Wlachen und sonst Entlehnten nothwendig sein, was ja durch v. Hahn's treffliche albanesische Studien und die vielfachen Publicationen über Aberglauben, Sitten, Gewohnheiten u.s.w. der Wlachen (über die erschöpfend von den Gebrüdern Arth. und Alb. Schott gehandelt ist in der Einleitung zu ihrer Ausgabe der *walachischen Mährchen. Stuttgart u. Tübingen 1845*) und Slaven jetzt eine unschwere Mühe ist. Ein kleiner Anlauf hierzu wurde übrigens bereits genommen von Sanders *das Volksleben der Neu-Griechen* in der ersten Abhandlung S. 301—330: *welchen Einfluss haben fremde Nationen auf die heutige griechische geübt, namentlich in Bezug auf Volksglauben und Volkspoesie*. Und um zu vermeiden, was bisher durchaus nicht immer vermieden ist, dass man bei griechisch redenden Albanesen oder Wlachen Gefundenes für Hellenisch ausgiebt, und um überhaupt möglichst sicher zu gehen, müssten die Sammlungen und Untersuchungen an solchen Punkten ansetzen, wo sich nachweisbar der alte Stamm der Bevölkerung von fremden Bestandtheilen am reinsten erhalten hat, also in der Maina, in Kreta, auf einigen der Cykladen z. B. Naxos, auch in Akarnanien, wo gar keine Albanesen eingewandert sind und der fast ungemischt verbliebene Griechenstamm streng gesondert lebt von den wenigen ansässigen Wlachen (vgl. Heuzey *le mont Olympe et l'Acarnanie* S. 241). Dann muss selbstredend Erkundigung nur da eingezogen werden, wo (so weit das überhaupt berechenbar) an ein Hineintragen in das Volk von Seiten antiquarischer Gelehrter nicht gedacht werden kann. Auch für den schwierigsten Theil der Aufgabe, die Ordnung der wüsten Masse des Aberglaubens, die rechten Gesichtspunkte zu finden, ist ja jetzt durch die herkulische Arbeit von Jakob Grimm in seiner deutschen Mythologie für jeden Nachfolger auf diesem Gebiet leicht gemacht.

Uebrigens bedarf es wohl kaum erst noch ausdrücklicher Bemerkung, das ich lediglich aus den durch die Natur dieses Vortrags gebotenen Rücksichten ganz übergangen habe, über den Punkt zu sprechen, dem P. W. Forchhammer sein geistreiches Buch *Hellenika; Griechenland, im neuen das alte* ganz ausschliesslich widmete.

3) Fallmerayer an verschiedenen Orten z. B. *Welchen Einfluss hatte die Besetzung Griechenlands durch die Slaven auf das Schicksal der Stadt Athen* S. 41 f.

4) So z. B. hat das neugriechische αὐγό = ᾠόν, ᾤιον nicht bloss das ursprüngliche *vj*, sondern auch den uralten A—Laut bewahrt. s. Curtius in Kuhn's Zeitschr. f. vergl. Sprachw. VI S. 231.

5) Was für eine herrliche Fülle von dialektischen und provinziellen Besonderheiten hat nicht allein Kreta, wie man jetzt ersehen kann aus dem πίναξ γλωσσογραφικὸς Κρητικῶν λέξεων, der gegeben ist in den Κρητικὰ συνταχθέντα καὶ ἐκδοθέντα ὑπὸ M. Χουρμούζη Βυζαντίου. Ἀθην. 1842 S. 104—117 und aus der Sammlung kretischer Glossen, die mir seiner Zeit von Bybilakis zur Benutzung überlassen, dann von mir an Rhusopulos mitgetheilt und von diesem schliesslich an Maurophrydis zur Publikation übergeben worden und jetzt im Φιλίστωρ IV S. 508—527 stehen (den ersteren πίναξ hätte Maurophrydis wohl zur Ergänzung heranziehen können). — Uebrigens ist es höchste Zeit diese wichtige Arbeit anzufangen, da das unsinnige Haschen nach Purismus und Classicität in der Sprache sich gleichmacherisch allmählich auch in die entlegeneren Orte und unter den gemeinen Mann zu verbreiten beginnt.

6) Beiläufig keine Folge der Slavisierung, s. Gervinus *Gesch. des 19. Jahrh.* Bd. V S. 111. »Sie hatten Kunst- und Schönheitssinn schon lange verloren, ehe die

Slaven, denen Fallmerayer diese Wandlung Schuld giebt, erschienen waren.«

7) Niemand ein Unrecht zu thun bemerke ich, dass die Akarnanier — sie aber auch ganz allein — sehr wahrheitsliebend sind; νὰ μὴ βροῦμαι ψεύστης, dass ich nicht als Lügner befunden werde, ist bei ihnen sprüchwörtliche Redensart, die ihren Respekt vor Wahrheit bezeugt, vgl. Heuzey, *le mont Olympe et l'Acarnanie* S. 253. Im übrigen Hellas wird die Anrede ψεύματα λέγεις durchaus nur als Schmeichelei empfunden.

8) Vgl. den Ausspruch eines Griechen bei William Senior, *la Turquie contemporaine* S. 317.

9) Freilich beweist eine oberflächliche Uebereinstimmung altgriechischer Sprüchwörter mit den neuen an sich gar nichts, da eben die menschlichen Dinge in ihrer Allgemeinheit überall unter der Sonne die nämlichen sind und richtige Beobachtung derselben bei allen Völkern zu verwandtem Ausdruck gelangen wird. Aber wenn das Sprüchwort bloss eine in specieller Landessitte oder speciellen Landesverhältnissen begründete Wahrheit hat und wenn die Fassung eines auch allgemeiner gültigen Gedankens eine ganz besondere, weit vom Gewöhnlichen abliegende Originalität zeigt, dann kann ein genaues Wiederkehren des Alten im heutigen Gebrauch, zumal wenn es sich massenhaft wiederholt, nicht genügend durch jene Allgemeingültigkeit von Sentenzen erklärt werden. Und so stellt sich allerdings bei genauerem Zusehen schliesslich das Verhältniss des Vergleiches neugriechischer Sprüchwörter und namentlich auch sprüchwörtlicher Redensarten mit antiken; wenn schon ich freilich nicht zu behaupten vermag, dass das gleich genauer anzuführende Buch von Berettas, welches sich diesen Vergleich

zum speciellen Zweck gemacht hat, die Aufgabe richtig gestellt oder ihrer definitiven Erledigung zugeführt hätte. Ueberhaupt bleibt eine verständige Sammlung neugriechischer Sprüchwörter zu wünschen übrig; sie würde in ihrer Totalität denn doch einen unverächtlichen Beitrag zur Charakteristik der modernen Hellenen geben; und auch im Einzelnen kann vieles ein hohes Interesse beanspruchen, so die zahlreichen Sprüche, in denen die Thiere redend und handelnd eingeführt werden ganz à la Aesop, so die dem Kreis des Wetterkalenders angehörigen, in denen mancherlei Aberglaube steckt, z. B. auch die Spottreime auf einzelne Orte. Die bisher gemachten Anläufe genügen noch keineswegs. Theils erschöpfen sie den Stoff gar zu wenig, theils leiden sie an grosser Unzuverlässigkeit; die vollständigsten sind überdiess in Griechenland erschienen, und griechische Bücher dringen zufolge der primitiven Verhältnisse des dortigen Buchhandels selten über den engsten Kreis des Orts der Erscheinung und gelangen so gut wie gar nicht zur Kunde des Auslandes. Vielfach ist sogar von den Herausgebern das sehr vorwiegend in diesen Sprüchwörtern herrschende, zuweilen mit Reim verbundene Metrum (mit Vorliebe trochäisch, oft auch iambisch) verkannt und Reim und Metrum durch Einsetzung von purificiertem Griechisch statt der volksthümlichen Formen verdorben. Eine von mir selbst bei meinem Aufenthalte in Athen begonnene Sammlung hat zufolge meiner unfreiwilligen Flucht aus Hellas zu frühzeitig abgebrochen werden müssen, als dass ich wagen möchte damit hervorzutreten. Ich will aber doch hier zusammenstellen, was mir von einschlagender Literatur zur Kunde, resp. in die Hände gekommen ist.

1) Ὀνομαστικὸν τοῦ Μιχαὴλ Παππᾶ Γεωργίου τοῦ Σια-

τιστέως. *Wien 1783* (hier sind 40 Sprüchwörter zusammengestellt).

2) Bartholdy, *Bruchstücke zur nähern Kenntniss des heutigen Griechenlands, gesammelt auf einer Reise in den Jahren 1803—1804.* I S. 443—453 (enthält 67, meist poetische Sprüchwörter).

3) Περὶ τῆς ἀνεστώσης καταστάσεως τῆς κοινῆς γλώσσης ὑπὸ Γ. Κ. *Wien 1813* (taugt wenig, enthält viele Uebersetzungen von Sprüchwörtern fremder Nationen und nicht populäre Sprache).

4) Martin Leake, *researches in Greece 1814. append.* II S. 443 ff. (90 Sprüchwörter mit englischer Uebersetzung, zuverlässig wie Alles, was Leake angegriffen hat).

5) Alexander Negris, *a dictionary of modern Greek proverbs. Edinburgh 1831* (mit englischer Uebersetzung und kurzen erklärenden Bemerkungen, enthält 950 Sprüchwörter, von denen sehr viele nur sprüchwörtliche Redensarten sind; ein grosser Theil jedoch von dem was er giebt war nie im Volke, sondern ist höchstens von Gelehrten als klassische Reminiscenz gebraucht, wo sich dann freilich überraschende Parallelen herausstellen).

6) Ἡ σφίγξ ἢ συλλογὴ Ἑλληνικὴ παροιμιῶν συλλεχθεῖσα ὑπὸ Ἰωάννου Ζαφείρη Μανιάρη. ἔκδοσις πρώτη(!), ἐν Τεργέστῃ, ἐν τῇ τυπογρ. *Μιχαὴλ Βάης* 1832 (der Verfasser hat durch Purification des Gräcismus die schönsten Metren, von deren Vorhandensein er sich nichts träumen lässt, vernichet, so dass man erst durch Konjekturalkritik die ursprüngliche Fassung wiederherstellen muss).

7) Ross, *griechische Inselreisen* II S. 174—178 (auf diesen paar Seiten ist das Beste enthalten, was bis

jetzt über das neugriechische Sprüchwort gesagt ist; eine von ihm hier versprochene grössere Sammlung ist nicht erschienen, auch hat sich in seinem Nachlass, wie mir mein verehrter Lehrer Hr. Prof. K. Keil in Schulpforte mittheilt, nichts Einschlägiges vorgefunden.)

8) Sanders, *Volksleben der Neugriechen, erklärt u. dargestellt in Liedern, Sprüchwörtern u. s. w.* Mannheim 1844 S. 220—223 (zum Theil aus Leake geschöpft).

9) Παροιμίαι δημώδεις συλλεγεῖσαι καὶ ἑρμηνευθεῖσαι ὑπὸ Ι. Βενιζέλου. ἐν Ἀθήναις, ἐκ τ. τυπογρ. Γ. Βλασσαρίδου. 1846. 136 S. 8. (bietet die bis jetzt vollständigste Sammlung, ist jedoch nicht zuverlässig, sondern hat z. B. verschiedene albanesische Sprüchwörter einfach übersetzt und sie als ächt griechisch eingeschmuggelt; übrigens hat er Negris' Buch benutzt).

10) Ι. Δεκιγάλλας, γενικὴ στατιστικὴ τῆς νήσου Θήρας. Ἑρμούπολ. 1850. S. 68—72 παροιμίαι (worunter ein paar sehr interessante Nummern).

11) Συλλογὴ παροιμιῶν τῶν νεωτέρων Ἑλλήνων μετὰ παραλληλισμοῦ πρὸς τὰς τῶν ἀρχαίων ὑπὸ Ἰωάννου Φ. Βερέττα. ἐν Λαμίᾳ. ἐκ τ. τυπογρ. ὁ Ἑλληνοπέλαστος 1860 (enthält S. 9—63 Zusammenstellung neugriechischer mit antiken parallelisirter Sprüchwörter, S. 67—88 παροιμίαι δημιώδεις).

Einzelnes findet sich auch verstreut bei Pittakis in ἐφημ. ἀρχαιολ. 1852. φυλλ. 30 S. 644 ff. (ὕλη, ἵνα χρησιμεύσῃ πρὸς ἀπόδειξιν, ὅτι οἱ νῦν κατοικοῦντες τὴν Ἑλλάδα εἰσὶν ἀπόγονοι τῶν ἀρχαίων Ἑλλήνων), in Korais Ἄτακτα, in dem λεξικὸν τῆς καθ' ἡμᾶς Ἑλληνικῆς διαλέκτου μεθηρμηνευμένης εἰς τὸ ἀρχαῖον Ἑλληνικὸν καὶ τὸ Γαλλικὸν ὑπὸ Σκαρλάτου Δ. τοῦ Βυζαντίου. ἔκδοσ.

δευτέρα δαπάνᾳ Κ. Βαρβάτη. Ἀθήνησι, τύποις Ἀλέξα Γκαρπολᾶ. *1857* und auch in den verschiedenen Jahrgängen der Athenischen Zeitschrift Πανδώρα, ἐφημερὶς τῆς Ἑλλάδος. Auch eine handschriftliche Sammlung des Kretensers Bybilakis, die ich seiner Zeit einsehen konnte und die (höre ich) jetzt gedruckt wird, hat manches Besondere.

10) In der Sammlung von v. Hahn, *griechische und albanesische Mährchen, gesammelt, übersetzt und erläutert. Leipzig 1864. 2 Theile.* Vorher war derart nur sehr weniges bekannt geworden durch Zuccarini, *Mährchen und Kinderspiele in Griechenland* im *Ausland* 1832. N. 58. S. 230 f. und N. 61. S. 242 f., sowie durch Εὐλάμπιος, ὁ Ἀμάραντος ἤτοι ῥόδα τῆς ἀναγεννηθείσης Ἑλλάδος. Πετρούπολ. 1843. Beide sind übrigens von v. Hahn nicht benutzt; einige Nachträge besitze auch ich.

11) Selbst mit Bewahrung des Namens des Sohnes der Prokne, Itys, welcher hier in ἴζυς verstümmelt erscheint. Eben diese Verstümmelung giebt, verbunden mit dem Umstand, dass die übrigen mythologischen Namen, Pandion, Tereus u. s. w. fehlen, den sicheren Beweis, dass wir hier nicht etwa ein gelehrtes Hineintragen in das Volk, sondern eine wahre volksthümliche Tradition vor uns haben. — Das Mährchen fehlt übrigens leider in v. Hahn's Sammlung; ich kenne es aus mündlicher Mittheilung des Hrn. Professor Koumanoudis in Athen.

12) So fasst den kretischen Ausdruck: ηκουτέ μου Ζῶνε θεέ Sutsos *Gesch. der gr. Revolution* S. 91 auf; doch ist mir die Sache wegen des albanesischen Schwurs πεο τένε ζόνε «bei dem Herrn» sehr bedenklich.

* 13) Vgl. Ulrichs, *Reisen und Forschungen in Griechenland* Bd. I S. 133 f.

14) Vgl. Fauriel, Vorrede zu den *neugr. Volksliedern* S. LI der Uebers. von W. Müller, die verschiedenen Volkslieder in der Sammlung von Sanders, *das Volksleben der Neu-Griechen* S. 41 ff., Passow *popularia carmina Graeciae recentioris* unter der Rubrik *carmina Charonea* N. CCCCVIII bis CCCCXXXVI. Ich erwähne noch, dass ein häufiger Fluch lautet «νὰ σὲ πάρῃ ὁ χάρος» (s. Papadopulo-Vretò, *costumi di Leucadia* S. 58), und dass ein gewöhnlicher Ausdruck über einen Verstorbnen ist: «τὸν πῆρεν ὁ χάρος» (s. *Πρωτόδικος, περὶ τῆς παρ' ἡμῖν ταφῆς* 1860. S. 19).

15) *Kunst und Alterthum* 4, 49, 265; vgl. auch Grimm, *Kinder und Hausmährchen* Bd. III (3. Aufl.) S. 348.

16) So habe ich übersetzt statt des Müller'schen «Steinewerfen»: denn diess Spiel ist wohl jedenfalls verstanden; der Stein (τὸ λιθάρι) wird dabei mit Riemen geschwungen. Allenfalls könnte man auch an das ἀμάδαις-Spiel denken, was z. B. bei Passow *popul. carm.* CCCCXXXIV v. 17 erwähnt wird (denn τς' ἀμάδαις ist dort zu schreiben statt des rein sinnlosen τσικμάδαις).

17) Fauriel, *neugr. Volkslieder* II S. 9 üb. v. Müller (mit ein paar geringfügigen Aenderungen).

18) Vgl. Passow *popul. carm.* CCCLIX:
χωρὶς νερὸ βρεγμένο 'μαι, χωρὶς φωτιὰ καϋμένο
und CCCLXIX:
κάτω 'ς τὰ τάρταρα τῆς γῆς τὰ κρυοπαγωμένα.

19) Das Köstlichste zu schildern gebrauchen sie mit Vorliebe den Vergleich 'σὰν κρυὸ νερό «wie frisches Wasser».

20) Vgl. Passow *popul. carm.* CCCCXXII, CCCCXXV u. a.

21) Wie mir Freund Kyprianos in Syra mittheilte, vgl. *Φιλίστωρ* I S. 247.

22) Vgl. Diodor. Sicul. IIII 17; Randolph *the present state of the islande in the archipelago. Oxford 1687* S. 93.

23) Dieselbe wurde im Jahre 1846 in dem Dorfe Kokino am Fusse des Ptoongebirges Herrn Prof. Christian Siegel erzählt, s. Hahn *neugr. Mährchen* II S. 76.

24) Statt dieses Wachsbildes trägt man auch wohl ein Gemälde das den gekreuzigten Christus darstellt herum.

25) Ich übergehe dabei ganz, dass eine ähnliche mimische Darstellung wie die jetzt übliche der Bestattung Christi gewiss auch den Eleusinien nicht fehlte, da derartige Darstellungen ein ächt heidnischer Cultuszug sind, wie man z. B. in Kreta die Hochzeit des Zeus und der Here, in Delphi die Ermordung des Pytho und Sühnung des Delphi u. s. w. in feierlichen Ceremonien mimisch darstellte.

26) Vgl. Grimm, *deutsche Mythologie* S. 684 zw. Ausg. Eine merkwürdige Anrufung des Venus-Gestirnes begegnet auch in einem messenischen Gesang bei Pouqueville *voyage dans la Grèce* VI S. 391. Auch sonst sind derartige Spuren alten Naturdienstes nicht eben selten. Einleuchtend ist das z. B. bei der Sitte (welche Curtius *zur Geschichte des Wegebaus bei d. Griechen* S. 86 hervorhebt), dass schwere Träume der aufgehenden Sonne zugekehrt laut ausgesprochen werden, um so der Last los zu werden, gerade wie Klytämnestra mit geängstigter Seele ihre Träume vor den Apollon Agyieus bringt.

27) Als besonders interessanten Beleg für den festen Glauben des Volkes an derartige Geister (mit dem allgemeinen Namen στοιχειά, auch euphemistisch καλότυχοι genannt) gebe ich hier, statt mancherlei bereits Be-

kanntem vielmehr aus den Mittheilungen eines Einwohners von Βεσσάνη τῆς Πωγωνιανῆς das was sich das Volk im epirotischen Zagori über die bösen Geister in Lüften. Höhlen, Wasser u. s. w. erzählt und glaubt. Als Hau sammelplatz derselben gilt ein hoher Berg Phanit Dorthin bringen die Weiber, sie zu versöhnen, Honig, Ziegen, Bretzeln (gleichwie die Alten das Mahl der Hekate dieser und den übrigen abwehrenden Dämonen monatlich brachten); auch stellt man eine Spindel mit hin, damit die Geister auch spinnen können. Im März, erzählt man, wandeln sie mit Lärm von Pfeiffen, Flöte und Pauken in Reigentanz unter den Menschen umher treten auch selbst in die Häuser ein und rufen die Haus bewohner bei Namen: ist man dann so unvorsichtig au diesen Ruf zu antworten, so wird man sofort stumm Der auf diese oder irgend eine andere Weise von de Geistern Geschädigte (ἔξω 'παρμένος) kann durch Wa schung mit ἐξωτικὸ νερό geheilt werden. Solches Heil wasser findet sich in Zagori z. B. bei Bitoikos. Die Wasser muss aber ἀμίλητο νερό, unbesprochenes Wasser sein, d. h. es darf beim Wasserholen nicht gesproche werden.

28) Die Formen lauten: ναράγιδα, ναράϊδα, ἀναράϊδα, νεράϊδα, νεράδα; sie sind von ναρόν (vgl. Etym. Magn. S. 597, 43) und νερόν ebenso gebildet wie die alten Νηρηΐδες von νηρόν. Sehr gewöhnlich ist auch der Ausdruck καλαὶς ἀρχόντισσαις oder καλαὶς κυράδες, was ich bei der durchgängigen jetzigen Bedeutung von καλός «gute Herrinnen» übersetze, zumal die entsprechenden albanesischen Wesen auch den euonymen Namen «Miren» d. h. die Guten führen (s. Hahn *alban. Studien* I S. 161); nicht «schöne Herrinnen», wie man nach dem von Michael Psellus gebrauchten Ausdruck καλὴ τῶν ὀρέων er-

warten könnte. Die Notizen des Psellus sind bei der konfusen Wirrköpfigkeit desselben und seinem Haschen nach Besonderem zudem allewege nur mit der grössten Vorsicht aufzunehmen. Freilich gelten die Neraiden auch für sehr schön, so dass das Höchste, was ein begeisterter Jüngling von seiner Geliebten zu sagen weiss, eine Vergleichung mit den Neraiden ist (s. z. B. bei Passow *pop. carm.* Distichon 652 und 692). — Eine ausführliche Untersuchung über diese Neraiden schrieb seiner Zeit Ioannes Magister Canabutius περὶ νυμφῶν, τίνες εἰσὶ καὶ πόσα γένη τούτων εἰσὶ καὶ ὅτι γένη δαιμόνων εἰσὶν, ἃ καλοῦσι βαρβαρίζοντες νεραγίδας; sie liegt noch unedirt in der Wiener Bibliothek (s. Nessel *catalog. bibl. Vindobon.* Theil V S. 168). Auch in neuerer Zeit sind sie öfters erwähnt worden, namentlich von Leo Allatius, *de Graecorum hodie quorundam opinionibus epistola* in dessen Buche *de templis Graecorum recentioribus ad Ioannem Morinum etc. (Colon. Agrippin. 1645)* S. 158 ff.; Korais, ἄτακτα IV S. 241; Fauriel, Vorr. zu *neugr. Volkslied.* S. LI Müller; Ross, *Inselreisen* III S. 45. 181; Bartholdy, *Bruchst. z. Kenntniss von Griechenland* S. 354 (die dort erwähnte Larve ist zweifelsohne eine Neraide) und sonst hie und da. Ein sehr deutliches mit dem sonstigen Glauben genau übereinstimmendes Bild von ihnen geben die Mährchen, deren es so viele giebt, dass Hahn in der erwähnten Sammlung neugr. Mährchen eine besondere Rubrik aus ihnen gebildet hat unter dem Titel «*Elfenmährchen*» (N. 77—84). Einiges füge ich aus eigner Kenntniss bei.

29) Τοῦ ποταμοῦ νεράϊδες erwähnt z. B. das Volkslied bei Passow *pop. carm.* DXXV. Und von Brunnennymphen wussten bereits die Alten zu erzählen, s. Artemidor. *oneirocr.* II 27 νύμφαι τε γάρ εἰσιν ἐν τῷ φρέατι.

Eine ausgedehnte Erzählung wie solche Brunnenneraiden ein Kind in den Brunnen locken mit ihm zu spielen und es trocken zurückkehren lassen, giebt Leo Allatius a. a. O. S. 158; vgl. auch die Aussage des kretischen Leierspielers bei Ross a. a. O. S. 45.

30) Für die Alten siehe z. B. Porphyrius *de antro nymphar.* Kap. VIII. Interessant ist, wie diese ihren wasserspendenden Nymphen ganze Heiligthümer im Schoosse der Berge weihten nebst eigenen Nymphengärten, was u. a. die Hymettosgrotte bei Vari mit der Inschrift: Ἀρχίδαμος ὁ Θηραῖος κᾶπον Νύμφαις ἐφύτευεν lehrt (s. Curtius, *griech. Quellen- und Brunnen-Inschriften* S. 161). Ausführlich erzählt die Sagen, die heute das Volk an den Νεραϊδόσπηλος in Kreta anknüpft Χουρμούζης, *Κρητικά* S. 69. Anm. α. Auch auf Tennen verweilen die Neraiden, wie alle Geister (ἐξωτικά), gern.

31) Man sagt von einem solchen ἰσκιοπατήθη, auch um die Nennung des Namens zu vermeiden, ὥρα τὸν εὗρεν, oder ἀπὸ ἔξω ἔχει. Vgl. den ähnlichen Aberglauben bei den deutschen Elben bei Grimm, *deutsche Mythol.* S. 429 zw. Ausg. Einen besonderen Einfluss üben die Neraiden auch auf die Schwangeren aus (s. Anhang).

32) Die Notizen über diese bisher meines Wissens völlig unbekannte und so äusserst interessante Gestaltung der Lamia als Meeresgottheit danke ich einem Elier, dessen Kenntniss in diesen Schätzen seines Volkes eben so gross war als seine Bereitwilligkeit aus ihnen mitzutheilen. Ich kann aus derselben Quelle noch hinzufügen, dass man in der Umgegend von Zurtsa in Elis glaubt, diese Lamia hause auf einem am Golf von Kyparissia gelegenen meist mit Wolken bedeckten Berge. Nicht wenig frappirt wird man aber sein hier die Lamia in der Gestalt einer dämonischen Macht des Meeres

zu sehen, welche ihr ohne Zweifel in der althellenischen Mythe ursprünglich zukam, da sie die Mutter der Skylla d. i. des personificirten Meerstrudels genannt wird. Jetzt bekommt auch erst ἡ λάμια τοῦ γιαλοῦ (des Meeres), ἡ λάμια τοῦ πελάγου (des hohen Meeres), welche ein in Calamaria und Saloniki gesungenes Gedicht erwähnt (Passow *popul. carm.* DXXIV. V. 10 und 14) das richtige Licht.

33) Leo Allatius a. a. O. S. 160, Hahn, *neugr. Mährchen* II S. 256 und 303. Aehnlich lässt die celtische Sage Wirbelwind von Feen erregt werden, s. Grimm, *deutsche Mythol.* S. 599 zw. Ausg.

34) In dem Mährchen bei Hahn a. a. O. Nro. 87 (II S. 80) will die Tochter bei dem entstandenem Wirbelwind sich nicht ducken; da nehmen sie die Elfen mit sich fort auf einen Berg und behalten sie dort bei sich.

35) Pittakis ἐφημ. ἀρχ. φυλλ. 30. 1852. S. 647. Die gemurmelten Worte lauten griechisch: μέλι καὶ γάλα 'ς τὸν δρόμον σας. Pittakis hebt übrigens noch hervor, dass dies besonders beachtet werde bei einem Wirbelwind an dem jetzt sogenannten Nymphenhügel, wo also sofort das Volk sich die alten Nymphen in seine Neraiden umgesetzt hätte, wie auch Ross a. a. O. S. 45 erzählt: «Als ich die Nymphen einer Inschrift erwähnte, sagte mein Begleiter: ««Ach das sind die, die wir jetzt Νεράϊδες nennen»».

36) Von den Alten sagt Strabo I S. 19 τοῖς παισὶ προφέρομεν . . εἰς ἀποτροπὴν . . τοὺς φοβεροὺς (μύθους). ἥ τε γὰρ Λάμια μῦθός ἐστι καὶ ἡ Γοργὼ καὶ ὁ Ἐφιάλτης καὶ ἡ Μορμολύκη (s. Becker *Charikles* II S. 17 zw. Aufl. Preller *griech. Mythol.* I S. 484 zw. Aufl.). Die Lamia, welche vom Zeus geliebt, aber von der Hera aller Kin-

der beraubt worden war und nun aus Neid allen glücklichern Müttern ihre Kinder zu entführen und zu tödten suchte, ist noch jetzt dasselbe Kinder-raubende und fressende Gespenst. Man sagt von plötzlich verstorbenen Kindern, τὸ παιδὶ τὸ ἔπνιξεν ἡ Λάμνα (eine nach Pittakis' Aussage übliche Nebenform für Λάμια, was sich übrigens auch oft findet), vgl. Pittakis a. a. O. S. 653. Und in Epirus heisst es von einer feindseligen Frau σὰν ἡ κακὴ Λάμια; und dort ist es auch in der That noch üblich wie bei den Alten, die Kinder mit diesem Schreckbild zum Gehorsam zu bringen (beides nach meinen schon erwähnten Notaten eines Einwohners von Βεσσάνη). Auch in den neugriechischen Mährchen erscheint die Lamia als ein gespenstisches Wesen, dessen grösster Hochgenuss in Menschenfleisch besteht (z. B. gleich im dritten Mährchen der Hahn'schen Sammlung). Etwas anderes ist es natürlich, wenn es von einem Vielfresser heisst: ἔχει λάμιαις, weil hier λάμια in die gewöhnliche jetzige Bedeutung von Bandwurm eintritt. Die Empusa lebt noch in den Sagen des obern Spercheiosthales fort (s. Hahn, alban. Stud. I S. 201. Anm. 85); auch der Mormo und Gorgo begegnet man noch hie und da (s. Skarlatos λεξικὸν τῆς καθ' ἡμᾶς ἑλληνικῆς διαλέκτου S. 339 u. d. W. στρίγλα und S. 76). Von der naheverwandten Gello wird im Anhange die Rede sein bei Gelegenheit des Aberglaubens, der sich an die Sorge um die Neugeborenen anheftet.

37) Sie heissen στοιχειὰ τοῦ πηγαδιοῦ (vgl. Bybilakis *neugr. Leben* S. XII); auch Draken hausen in Brunnen (s. die Mährchen bei Hahn N. 2 und 70). Ebenso erzählt man sich von Negern die dort sich aufhalten und öfters neben dem Brunnen erblickt werden, wie sie schönen Jungfrauen freundlich zuwinken und wenn diese

ihren Lockungen folgen, sie mit Reichthümern beschenken auch in ihre prachtvollen unterirdischen Gemächer führen und sie dort mit Speise und Trank erfrischen (s. Leo Allatius a. a. O. S. 166). — Ein specieller Aberglauben knüpft sich an einen grottenreichen Brunnen in Chios. Darin haust ein Mensch Namens *Βένια*, welcher um Mitternacht auf einem wilden Pferde den Brunnen verlässt und nach tollem Ritt schliesslich sich wieder in den Brunnen stürzt. Wer von diesem Brunnen trinkt, verliert den Verstand; weshalb man zu einem Dummen sagt: ἔπιες ἀπὸ τὸ πηγάδι τοῦ Βένιας. Dass das Trinken aus diesem Brunnen verdumme, glaubten schon die Alten; schon der Peripatetiker Ariston erzählte es (s. Sotion's Excerpten S. 187, 4 in Westermann's *Paradoxographi*); vgl. Vitruv. VIII 3, 22. Uebrigens erzählt diese Sache, die Leo Allatius a. a. O. S. 166 von Chios berichtet, Bröndsted, *Reisen und Untersuch. in Griechenland* Bd. I S. 81 f. mit Bondelmonte, Bordone u. A. von Ceos. Auch in den Stellen der Alten schwanken die Handschriften.

38) S. Villoison in Maltebrun, *annales des voyages* Band II S. 180. Dieser Geist heisst hier τελώνιον, mit welchem Namen sonst das jetzt als ungünstiges Zeichen betrachtete S. Elmsfeuer von den Schiffern belegt wird (s. Skarlatos, λεξικόν u. d. W.).

39) Ganz abenteuerlich ist z. B. die Sfakiotische Erzählung aus Chaonia bei Pashley, *travels in Crete* II S. 232 f.

40) *Geschichte der griechischen Revolution* S. 131.

41) Die Krankheiten leitet das Volk in Griechenland noch heutigen Tages überhaupt von bösen Dämonen ab, s. Ukert, Gemälde von Hellas S. 283.

42) Fauriel, Vorr. zu den *neugr. Volksl.* S. L Müller, Hahn, *alban. Stud.* I S. 136. Die Pest heisst gewöhnlich πανοῦκλα, auch σκορδοῦλα und mit dem türkischen (?) Worte κουκούϑ-δι.

43) Bei dem in jedem Menschen von Haus aus lebhaft regem Verlangen, den von Raum und Zeit über alles ausgebreiteten Schleier einmal zu lüften, ist ein Theil derartigen Aberglaubens hier wie überall auf Erforschung des in der Ferne oder der Zukunft Geschehenden gerichtet. Seltener, weil bedenklicher und deshalb mehr verfolgt, ist das direkte Fragestellen an das Schicksal, die Wahrsagerei, obschon auch der Art sich mancherlei noch heute bei den Griechen vorfindet: weit verbreitet dagegen ist noch immer die Art von Aberglauben, welche irgend auffallenden Ereignissen einen Glück- oder Unglück- verheissenden Sinn beilegt. Aber gerade dieser Aberglauben kann am wenigsten als specielles Eigenthum eines Volkes angesprochen werden: Vorbedeutungen, die heute wie im Alterthum aus Niesen, Ohrenklingen, Zittern des rechten Auges, Schrei der Eule, Krähen der Henne, (Térenz, *Phormio* IV 4, 30, Leo Allat. a. a. O. S. 55), dem mancherlei Angang von Thieren oder bestimmten Gattungen von Menschen u. s. w. entnommen werden, sind ziemliches Gemeingut aller Nationen, wie sich jeder zur Genüge aus dem 35. Kapitel der Grimm'schen Mythologie überzeugen kann. Und überhaupt wird man festzuhalten haben, dass der Aberglaube eben, weil er in seinen Grundzügen gleich durch viele Völker durchgeht, selten geeignet ist einen strikten Beweis unmittelbarer Tradition abzugeben. Nur kann man der Summe des Sicheren, was jene auf andern Gebieten erhärtet, mit einiger Vorsicht auch aus diesem Kapitel besonders prägnante und eigenthümliche

Vorstellungen, die aus dem Alterthum bekannt heute wiederkehren, hinzufügen.

44) Die abschliessende Abhandlung von Otto Jahn, *über die Wirkung des bösen Blicks bei den Alten* in den Berichten der sächs. Ges. d. Wissensch. Bd. VII (1855) S. 29—110 berücksichtigt auch wiederholt den heutigen Aberglauben in Griechenland, für welchen ihm Ross manche werthvolle Mittheilungen gemacht hat. Zu der dort S. 31 Anm. 6 und S. 84 angeführten Litteratur wäre etwa noch nachzutragen: Tournefort, *voyage en Levante* S. 145, Bartholdy, *Bruchst. z. Kenntn. v. Griechenl.* S. 355, Papadopulo-Vretò, *costumi di Leucadia* S. 53, Pittakis, ἐφημ. ἀρχ. φυλλ. 30. S. 646. 650. 651. 657, Landerer im im neuen Repertorium f. Pharmacie v. Buchner, Bd. VI (1857) S. 138 f., Ross, *Inselreisen* IV S. 75, Sutsos, *Gesch. der griech. Rev.* S. 131, Conze, *thrak. Inselr.* S. 28. Aber von ganz besonderem Interesse ist das Heilverfahren, welches heutigen Tages in Kreta von alten Weibern gegen den bösen Blick angewandt wird, wie es Χουρμού-ζης S. 26 Anm. 3 erzählt. Ich kann mir nicht versagen die ganze Beschreibung folgen zu lassen:

Δένει (τό *γραΐδιον*) *τρεῖς κόκκους ἅλατος εἰς τὴν ἄκραν ἑνὸς μανδηλίου, καὶ ἀφὸ τὸ μετρήσῃ μὲ τὸν πῆχυν του, πλησιάζει εἰς τὸν ἀσθενῆ* (καὶ) *ἐγγίζει τὸν κόμπον μὲ τὸ ἅλας εἰς τὸ μέτωπόν του, ἔπειτα εἰς τὴν γῆν τρεῖς φοραῖς λέγον εἰς τὸ ὄνομα τοῦ Πατρὸς κτλ. ἔπειτα ἀρχίζει· «ποῦ πᾷς φθαρμὲ, ποῦ πᾷς κακὲ, ποῦ πᾷς κακαποδεμένε; φύγε ἀπὸ τὰς* 72 *φλέβας τοῦ παιδίου μου, καὶ ἄμε* (?) *στὰ ὄρη, στὰ βουνά, ποῦ πετεεινὸς δὲν κράζει καὶ σκύλος δὲν γαυγάζει, νὰ ὑρῇς τ' ἄγριο θεριὸ, νὰ πιῇς ἀπ' τὸ αἷμά του, νὰ φᾷς ἀπ' τὸ κρέας του·* (χασμιριέται). *ἐλούσθη κ' ἡ κουρά μας, ἡ Παναγιὰ χτενήσθηκε καὶ στὸ θρονί της κάθεσε καὶ περάσασ' οἱ ἄγγελοι κ'ι ἀρχάγγελοι καὶ φθαρμι-*

σασί την· (χασμαριέται). καὶ πάγει ἀφέντης ὁ Χριστὸς καὶ τῆς λέγει· ἠν τάχης μάνα, ἠν τάχης μητέρα; ἐλούσθηκα παιδί μου, χτενίσθηκα καὶ στὸ θρονί μου κάθισα, καὶ περάσασ' οἱ ἀγγέλοι κι ἀρχαγγέλοι καὶ φθαρμίσασί με· (χασμιριέται). καλὲ μάνα, καλὲ μητέρα δὲν εὑρέθηκε χριστιανὸς ἁγιασμένος καί τὴν ἁγιὰ Πέφτη λουτουργημένος, νὰ παρ' ἁλάτσι ἀπ' τὴν ἁλικὴ ἢ τρία φῦλλ' ἀπ' τὴν ἐλιὰ, καὶ νὰ πῇ μιὰ φορὰ τὸ Πάτερ ἡμῶν, δύω φοραῖς τὸ Πάτερ ἡμῶν· (ἕως τὰς ἐννέα).» — τὸν ἐξορκισμὸν τοῦτον τὸν λέγει τρεῖς χασμιριούμενον συγχρόνως, ἔπειτα ξυναναμετρᾷ μὲ τὸν πῆχυν του τὸ μανδῆλι καὶ τὸ εὐγάζει κοντώτερον ἐξ δάκτυλα ἀπὸ τὸ πρῶτον μέτρον.

Dass dem Ausstrecken der fünf Finger bei dem Fluch τὰ πέντε στὰ 'μάτιά σου ursprünglich eine symbolische Bedeutung zu Grunde liegen, dürfte kaum zu bezweifeln sein; weniger sicher ist, welche? Die Erklärung, die die Griechen jetzt selber geben, νὰ πέντε bedeute den Wunsch, der Feind möge wie Christus am Kreuze fünf Wunden haben, ist thöricht; sehr möglich, dass O. Jahn Recht hat, wenn er S. 56 an einen Zusammenhang mit der Sitte der Alten denkt, ausgestreckte Hände bei Verwünschungen gegen Beschädiger u. s. w. anzubringen, ja geradezu als abwehrende Amulette zu gebrauchen. Mein verehrter Freund v. Hahn vermuthete einmal gesprächsweise die flache Hand mit den 5 Fingern möge den Sonnenkörper mit seinen Strahlen vorstellen und so, weil wer in die Sonne sieht erblindet, die Bedeutung sein «mögst du erblinden». Jede symbolische Beziehung scheint den Albanesen entschwunden zu sein, wenn sie auf diesen Fluch antworten: «mögen dir die deinen ausfallen», also sich die fünf Finger in unmittelbare Aktion auf ihre Augen gerichtet denken. Sollte vielleicht der in Epirus übliche Fluch: τὸ μαῦρο φίδι σου έβγάλη τὰ μάτια, d. i. «die schwarze Schlange möge dir die Augen ausreissen», auf eine endgültige Erklärung dieser Formel führen können?

Uebrigens glaube ich, dass sich auch der von Jahn a. a. O. S. 58. Anm. 116 als antik besprochene Gebrauch von Stierköpfen als Amuletten noch heutigen Tages nachweisen lässt. Ueberall in Hellas wie in Kleinasien begegnet man Ochsenschädeln mit den Hörnern auf Stangen gesteckt oder an Bäumen aufgehängt. Diese mit Fellows, *Reise in Kleinasien* S. 77 deutscher Uebers., lediglich als Vogelscheuchen aufzufassen, scheint mir ebenso unrichtig als bei den von Jahn a. a. O. erwähnten κεραμβήλοις, zumal wenn man sich erinnert, dass nicht bloss die alten Griechen Stierköpfen abwehrende Kraft beilegten, sondern dass auch nach der Erzählung von Praetorius *Weltbeschr.* II 162. 163 die Wenden zur Abwehr und Tilgung der Viehseuchen um ihre Ställe herum Häupter von Pferden und K ü h e n auf Stangen zu stecken pflegten, dass noch heutigen Tages die Wlachen auf Hügeln Widderköpfe nach Osten blickend gleichfalls als Abwehr gegen Viehseuchen aufstellen (s. Schott, *walachische Mährchen* S. 301).

45) Der Knabe heisst δράκος oder δράκοντας, das Mädchen δράκαινα, δρακούλα oder δρακόντισσα.

46) So wird es wenigstens in Patras gehalten, wie mir von verlässiger Seite erzählt wurde.

47) Wunderbar klingt hier die Jo-Sage nach; oder richtiger ausgedrückt, es zeigt sich hier dieselbe poetische Anschauung des gehörnten Mondes, welche der Jo-Sage zu Grunde liegt. Dass auch sonst die Art, in welcher das heutige Griechenvolk athmosphärische und andere Naturerscheinungen auffasst, oft an die der klassi-

schen Mythologie erinnert, darauf macht Kyprianos im Φιλίστωρ I S. 236 ff. aufmerksam (μυθολογικά, über die Geburt und einige Epitheta der Athene), ohne dass ich jedoch seinen Consequenzen in der praktischen Nutzanwendung auf das Studium der griechischen Mythologie zu folgen im Stande wäre.

48) Sutsos, *Gesch. d. gr. Revolution* S. 131, Fauriel, Vorr. zu den *neugr. Volksl.* S. XLIX Müller, Pittakis in ἐφημ. ἀρχ. 1852. φυλλ. 30. S. 644 und 651. Eine ausführliche Schilderung einer magischen Handlung solch einer zauberischen Hexe gebe ich im Anhang bei Besprechung der Hochzeitsgebräuche.

49) Noch immer fehlt eine Arbeit, die so anziehend wie ergiebig ist, welche aus Schriftstellern und Kunstwerken, namentlich der reichen Masse der Vasen zusammenstellte, was wir bei den Alten von Gesten und Pantomimen kennen, und dann zur aufklärenden Vergleichung der heutigen Griechen und Neapolitaner Gebrauch heranzöge (die Neapolitaner trennen sich auch hierin scharf von dem übrigen Italien, was bei den Bewohnern der Graecia magna nicht auffallen kann). Die dankenswerthe und lehrreiche Schrift von A. de Jorio, *la mimica degli antichi investigata nel gestire Napoletano. Napoli 1832.* ist doch mit zu ungenügender Vorbereitung für das Alterthum gearbeitet und lässt noch dazu den neugriechischen Usus gänzlich ausser Acht. Vieles hieher Gehörige liegt so auf der Hand, dass es sich Jedermann aufgedrängt hat, wie z. B. das Zurückwerfen des Kopfes als Verneinung (im Neapolitanischen, wie in Griechenland und dem gesammten Orient) gleich dem alten ἀνανεύειν u. a.

Auf zweierlei, was sich bisher meines Wissens der Beobachtnng entzogen hat, will ich hier noch aufmerksam machen. Eine in Neapel, Hellas und auch sonst im Orient (s. Petermann, *Reisen im Orient. 1861.* I S. 173) gebräuchliche Geste, um «gar nichts, *niente affatto*» auszudrücken ist die, dass man den Nagel des rechten Daumens an die Oberzähne ansetzt und ihn durch eine rasche Bewegung vorschnellt. Die Neu-Griechen pflegen dazu zu sagen: οὐδὲ τόσον oder οὐδὲ γρῦ. Erinnert man sich nun der Erklärung, welche von γρῦ bei den griechischen Paroemiographen I S. 143 her. v. Leutsch und sonst gegeben wird: τὸν ἐν τοῖς ὄνυξι ῥυπὸν λέγουσι γρῦ, so ist sowohl der Sinn als das Alter des heutigen Gestus einleuchtend festgestellt.

Und wenn man sieht, wie heute griechische Weiber bei dem höchsten Zorn, indem sie ihrem Feinde alles Böse anwünschen, mit der flachen Hand wüthend die Erde schlagen, wem fällt da nicht als aufhellende Parallele die Althaea in der Ilias ein, die in rasender Wuth über den Mord ihres durch Meleager gefallenen Bruders die Erde mit flacher Hand schlagend Hades und Persephone anruft ihren Sohn zu vernichten? Vgl. Ilias *I* 568 f.:

πολλὰ δὲ καὶ γαῖαν πολυφόρβην χερσὶν ἀλοία
κικλήσκουσ' Ἀΐδην καὶ ἐπαινὴν Περσεφόνειαν.

Der Sinn dieses Schlagens auf die Erde ist eben hie wie da (wenngleich wohl jetzt unbewusst) das Aufrufen der unterirdischen Mächte als Zeugen des Fluches, wie es ausdrücklich in der Ilias a. a. O. heisst, V. 571:

τῆς δ' ἠεροφοῖτις Ἐρινύς
ἔκλυεν ἐξ Ἐρέβευςφιν.

50) Siehe den Anhang.

51) Zell, *Ferienschriften* I S. 68 (mit geringen Abweichungen), s. Athenäus VIII S. 360.

52) Kind, *neugriech. Anthologie* S. 73 (wenig nachgebessert). Noch viel näher tritt dem antiken χελιδόνισμα ein thessalisches Lied, was Passow jetzt aus Kind's Mittheilung in seinen *popular. carmin. Graec. rec.* als N. CCCVII^a hat abdrucken lassen: es enthält auch die direkte Aufforderung an die Hausfrau, reichliche Gaben herbeizuschaffen; und der Anfang ἦρϑεν, ἦρϑε χελιδόνα, gleicht völlig dem alten ἦλϑ', ἦλϑε χελιδών.

Anhang

Sitten und Aberglauben der Neugriechen

bei

Geburt Hochzeit und Tod

Anhangsweise und in grösserer Ausführlichkeit hier die an Geburt, Hochzeit und Tod sich anknüpfenden Gebräuche und Aberglauben der Neugriechen zu behandeln, welche in dem voranstehenden Vortrage zu schildern die derartigen Gelegenheiten naturgemäss gesteckte Zeitgrenze nicht erlaubte, fühle ich mich um so mehr veranlasst, als ich gerade hiefür ziemlich ausgedehnte selbständige Sammlungen angelegt habe und für's erste bei einer Reihe umfassenderer Arbeiten, die zu erledigen mir vor allem Bedürfniss ist, nicht absehe, wann ich den bei meinem Aufenthalte in Griechenland entstandenen ernstlichen Gedanken eines ausführlichen Werkes über Aberglauben, Sitten und Gebräuche der heutigen Griechen werde realisiren können. Indem ich nun in Folgendem das gesammte Material, was mir über die genannten Punkte persönlich oder aus der Litteratur bekannt geworden ist, zusammenstelle, kann ich mich nicht darauf beschränken, bloss das zu erwähnen, was von den heutigen Gewohnheiten mehr oder minder direkt an die alten erinnert, werde aber die Punkte, wo sich Alterthum und Neuzeit berühren, immer kurz hervorheben. Nur unterlasse ich gern, selbstverständliche oder gleichgültige und so gut wie überall wiederkehrende Dinge zu erwähnen, wie dass man das neugeborene Kind sofort in Windeln wickelt, u. dgl., worin entflammter Patriotismus überraschende Parallelen mit dem Alterthum gesehen hat. Ich bemerke noch, dass alle Notizen, welche ich bei der Geburt und Hochzeit ohne weitere Beglaubigung eines sonstigen mündlichen oder litterarischen Gewährsmanns hinsetze, auf meine Hauptquelle zurückgehen, einen Einwohner des elischen Zurtsa, eines unvermischt griechischen Dorfes, Nicola Pipilis.

1 Geburt

Mannichfaltig ist gleich der Aberglaube, dem die schwangere Mutter anheimfällt. Sie ist der schädlichen Gewalt der Neraiden, gegen den sie sich durch Umhängen von Amuletten, zumal des Jaspis (s. unten), zu schützen sucht, in hohem Grade ausgesetzt. Darum ist es unglückbringend, wenn Jemand über ein schwangeres Weib steigt; er öffnet damit den Neraiden den Weg; jedem bösen Einfluss vorzubeugen, muss er wieder über dasselbe zurücksteigen[1]. Auch darf sich die Schwangere nicht unter

---

[1] Es wird verwandten Sinn haben, dass (wie ich in Syra erfuhr) es für unheilvoll gilt, wenn ein Erstgeborner über ein Kind springt; alle üblen Folgen zu verhindern, muss er wieder zurückspringen.

einem Platanen- oder Pappel-baum noch an Quellen oder sonstigem fliessenden Wasser lagern, eben weil hier die Neraiden sich aufzuhalten pflegen.

Das Gebären zu erleichtern, rutschen die schwangeren Athenienserinnen selbst jetzt noch, obgleich die Scheu vor den vielen Franken in Athen den Gebrauch schon sehr hat abkommen lassen, am nördlichen Abhang des sog. Nymphenhügels in der Nähe der hochalten Inschrift ὄρος Διός an einer durch vielen Gebrauch bereits geglätteten Stelle den Fels herunter[2]; während des Kreisens wird zu demselben Behuf das Haus der Mutter mit einer Pflanze, die von der handähnlichen Form χέρι Παναγίας genannt wird, bestreût[3].

Das, was als eine schwere Bürde des Hauses betrachtet wird, die Geburt einer Tochter, zu verhüten, soll der Genuss eines Krautes ἀρσενικοβοτανό dienen. Dagegen erhält die nicht seltene und sehr gefürchtete Verwünschung, Frauen möchten mit weib-

---

[2] Pouqueville *voyage dans la Grèce* VI S. 67 führt als dabei ausgesprochene Formel an: ἔλατε μοῖραι τῶν μοιρῶν, νὰ μοίρατε κ' ἐμένα. — Anzuführen wäre hier noch der Gebrauch in dieser Zeit einen Hahn zu schlachten, von welchem mir erzählt ward: die Parallele mit dem Hahnopfer an Aeskulap macht mich indess fast bedenklich.

[3] S. Skarlatos λεξικόν S. 395. Das Gebären erleichternde Kräuter kannten und benutzten bereits die Alten, s. Welcker, *kleine Schriften* III S. 194.

lichen Kindern niederkommen, dadurch Kraft und Wirkung, dass man eine Anzahl durchlöcherter Geldstücke vor der Thüre der Betroffenen vergräbt[4]. Aus dem nämlichen Grunde scheut man sich während der Entbindung einen weiblichen Namen auszusprechen. Ist dann das Kind glücklich zur Welt geboren[5], so eilt man dem Vater oder Grossvater die Geburt und das Geschlecht des Kindes anzuzeigen und von ihm τὰ γεννετίκια, die Geburtsgeschenke dafür zu empfangen. Ist der Neugeborne ein Knabe, so sprechen in einigen kriegerischen Theilen von Griechenland, in Ἄγραφα, Τζουμέρκα u. a., die Weiber, welche der Mutter in der Stunde der Angst Beistand geleistet haben, folgenden Wunsch aus: „möge dir das Kind am Leben bleiben, möge es Krieger und Kapitain werden und möge man über ihn Lieder singen", worauf die Mutter antwortet: „möge es nur am Leben bleiben, und sollte es auch ein Mönch werden"[6]. Anderwärts z. B. in

---

4) S. Dodwell, *klass. u. top. Reise durch Griechenl.* II S. 231, übers. v. Sickler.

5) Den Schutz der Niederkunft hat der heilige Ἐλευθέριος übernommen: Bybilakis, *neugr. Leben* S. 2 erscheint dies als eine kleine Veränderung des alten Namens Εἰλείθυια.

6) Τριαντάφυλλος Μπάρτα, ἀναμνήσεις φιλοπατρίδος. Paris 1861. S. 171. Der Wunsch lautet: νὰ σὲ ζήσῃ τὸ παιδί, νὰ γείνῃ ἁμαρτωλὸς καὶ καπετάνος, νὰ τὸν κάμουν καὶ τραγοῦδι, und die Antwort: μόνον νὰ ζήσῃ, καὶ ἂς γείνῃ καὶ καλόγερος.

Elis, singen diese Frauen unter dem Vorsitz der Hebamme ein melancholisch tönendes Lied des Inhalts: möge der Knabe ein braver Mensch werden, sein Metier ordentlich erlernen und nie des nöthigen Bedarfes für dasselbe entbehren.

Hierauf bringen die Anwesenden der Wöchnerin die Glückwünsche, welche mit den Worten: καὶ 'στὰ βαφτίσιά του schliessen; und diese antwortet an die verheiratheten Frauen gewendet: „χαιρούμεναις καὶ καλόκαρδαις", an die Unverheiratheten: „καλόμοιραις" (wo μοῖρα, wie z. B. auch bei dem gewöhnlichen Wunsch für Unverheirathete καλὴ μοῖρα den Sinn von Hochzeit hat), und endlich an alle: „καὶ 'στὰ ἰδικά σας" (nämlich παιδιά).

Hieran schliesst sich eine eigenthümlich symbolische Handlung. Man nimmt die Binde der Mutter, bindet sie an einem Stricke fest und befestigt an dessen Ende ein Stück Eisen, „damit ihre Gesundheit stark wie Eisen werde."

In völligem Einklang mit der antiken Anschauungsweise steht sodann die heutige Ansicht über die Unreinheit der Wöchnerinnen während der vierzig Tage nach der Geburt. Censorinus erzählt S. 28, 2 der Jahn'schen Ausg.: *in Graecia dies habent quadragesimos insignes, namque praegnans ante diem quadragesimum non procedit in fanum... cum is dies praeteriit, diem festum solent agitare, quod tempus appellant* τεσσερακοσταῖον. Genau so darf jetzt die Mutter während der ersten vierzig Tage nach ihrer

Niederkunft die Kirche nicht betreten; aber am vierzigsten Tage eilt sie mit dem Säugling in die Kirche, ihr Dankfest zu feiern, zu 'σαραντίζειν (von 'σαράντα = τεσσαράκοντα): und dann ist sie frei von allem Makel[7]. Das Mittelglied in der Kette dieser Tradition bildet die Novelle des Kaisers Leo περὶ τῶν τεκουσῶν γυναικῶν πότε λαμβάνει τῶν θείων μυστηρίων καὶ πότε τὰ βρέφη βαπτίζονται ἄχρι τῶν μ' ἡμερῶν χωρὶς ἀνάγκης[8]. Auch in allerhand andern Dingen spricht sich dieser Gedanke der Unreinheit der Wöchnerinnen aus: sie dürfen nichts berühren was zu heiligem Gebrauch bestimmt ist, weder Teig kneten für die heiligen Weihbrode noch Wachs formen für die heiligen Weihkerzen. Wer in Besitz eines Talismans ist, muss das Haus der Wöchnerin meiden; in ihrer Nähe würde sein Talisman alle Kraft verlieren. Auch haben in dieser ganzen Zeit die Gespenster aus eben diesem Grunde noch grosse Gewalt über sie: desshalb dürfen sie womöglich überhaupt das Haus nicht verlassen, und wenn sie

---

7) Bybilakis a. a. O. S. 8 verweist auf Suidas u. d. W. τεσσαρακοστόν, ein Artikel, der gar nicht existirt. — Der ganze Glaube ist auch albanesisch, s. Hahn, *alban. Stud.* I S. 149. Freilich darf man dabei nicht übersehen, dass diese Vorstellung auch jüdisch ist und von daher mit dem Christenthum gleichfalls zu den Griechen gelangen konnte.

8) Ius Graeco-Romanum, pars III, collatio II nov. 17. p. 89 ed. Zachariae a Lingenthal (Lips. 1857).

es ja thun, so mussen sie zum mindesten vor dem Ausgang den Hausschlüssel oder irgend ein Eisen berühren, dadurch sind sie geschützt.

Was nun den Neugeborenen selbst angeht, so ist es vor allem Pflicht, ihn vor bösem Einfluss zu schirmen, indem man ihm mit dem Bodensatz aus einer Wasserurne die Stirne beschmiert und Amulette um den Hals bindet [9]. Ferner ist der symbolisirenden Sitte Erwähnung zu thun, dass man bei einem Knaben einen Kuchen, ein Geldstück und einen Säbel, bei einem Mädchen einen Spinnrocken unter das Kopfkissen legt, um auf jenen Ueberfluss, Glück und Tapferkeit, und auf diese Arbeitsamkeit herabzuziehen [10].

Am dritten Tage nach der Geburt ist es üblich, dass dem Kinde von Verwandten und Freunden Geschenke ($ῥαντίσματα$) zugeschickt werden [11].

---

9) S. Pouqueville, *voyage dans la Grèce* VI S. 160. Siehe auch, was ich oben über den Aberglauben des bösen Blicks gesagt habe.

10) S. Pouqueville a. a. O.

11) S. Pittakis $ἐφημ. ἀρχ.$ 1853. $φυλλ.$ 30. S. 658. Dieser erinnert an die Geschenke, welche nach Suidas u. d. W. $ἀμφιδρόμια$ an dem fünften Tage nach der Geburt im Alterthum dem Kinde von den Angehörigen gemacht wurden. — Was Pouqueville a. a. O. erzählt, dass jetzt am fünften Tage der Besuch der Mören (welche die Mutter vom Milchfieber befreien), gefeiert werde, ist mir unwahrscheinlich, da ich derartiges nicht habe in

Die Taufe findet am achten Tage Statt. Die Wahl des Tages ist wohl lediglich durch den jüdischen Gebrauch der Beschneidung an diesem Tage zu erklären[12], aber jedenfalls ist die Praxis uralt, denn schon Leo Allatius *de opinion. Graec.* S. 116, wo er von den verschiedenen ängstlichen Schrecken, die ungetaufte Kinder bedrohen, spricht, lässt sich also aus: „miratus sum saepius, quanam Graeci ratione cum ad hoc malum baptismales aquas remedium habeant praesentissimum eas ad octavum usque diem differant. nec aliquid adhortatione profeci; malunt enim vigiliis et manifesto periculo diutius immorari quam vel minimum de severitate consuetudinis imminuere. ita ipsi amant quae sua sunt!"

Die vielgestalten Feierlichkeiten des Tauftages (über die mir ein sehr ausführlicher Bericht vorliegt), übergehe ich als nicht zur Sache gehörig und erwähne

---

Erfahrung bringen können. Es scheint mir vielmehr eine Verwechselung mit albanesischer Sitte. Wenigstens glauben die Albanesen, dass am dritten Tage nach der Geburt drei unsichtbare Frauen φατίτες am Bett des Kindes erscheinen, um dessen Schicksal zu bestimmen (vgl. Hahn, *alban. Stud.* I S. 148).

12) Denn dass die Alten am siebenten Tage dem Kinde den Namen gaben (s. Harpokration u. d. W. ἑβδομευόμενον), wage ich nicht damit in Beziehung zu setzen.

bloss, dass nicht nur in der Maina[13], sondern auch anderswo, z. B. in Patras der Priester dem Kinde drei Male einige Haare abschneidet und dieselben in das Taufwasserbecken wirft, eine Erinnerung an die heidnischen *ἀπαρχαί*, welche mir nicht völlig verständlich ist[14]. Der Namen pflegt noch heute nach dem des Grossvaters gegeben zu werden.

Noch ungetaufte Kinder, wie ich oben S. 34 erwähnte, Drachen genannt, stehen unter dem bösen Einfluss einer ganzen Heerschaar böser Geister, z. Th. bereits im Alterthum gefürchteter Schreckgespenster, gegen die die Amulette, auch der Jaspis[15], nur einen schwachen Schutz gewähren. So schreckt die Gello[16], vor der sich schon die abergläubischen Frauen des Alterthums als vor einer kinderverzehrenden Unhol-

---

13) Von der es Maurer, *das griech. Volk* I S. 184 erzählt.

14) Einer ähnlichen Gewohnheit bei den Skiipetaren in Albanien thut Pouqueville a. a. O. II S. 580 Erwähnung.

15) S. Pittakis a. a. O. S. 656. Schon bei den Alten hatte der Jaspis diese abwehrende Kraft gegen Empusen, den Hauptschrecken aller Kinder, vgl. Dionys. Perieg. V 724 f.:

ἠερόεσσαν ἴασπιν
ἐχθρὴν ἐμπούσῃσι καὶ ἄλλοις εἰδώλοισιν,

und was Bernhardy im Commentar zu diesem Vers S. 721 f. gesammelt hat.

16) *Γελλώ* oder *Γελώ*, wie die alten Formen lauteten, aber auch *Γιλλώ*, *Γελλοῦ*, *Γυλοῦ*, *Γελαῦδες*.

din ängstigten [17], noch heute um das Leben ihrer Kinder besorgte Aeltern; abgefallene Kinder heissen noch jetzt Γιλλόβρωτα [18].

Aber auch alte abgelebte Weiber, στρίγλαις oder στρίγγλαις genannt, versieht jetzt wie vordem in Griechenland die erregte Phantasie mit Flügeln und legt ihnen die Eigenschaft bei sich unsichtbar durch die Luft schwingen zu können. Mit Gier stürzen sich diese Megären auf die unschuldigen Kinder los, ihnen Blut und Eingeweide auszuschlürfen [19]. Schon durch den Hauch oder blosse Berührung können sie schädlich auf Geist und Körper wirken. Ertappt man sie bei ihrem blutigen Vorhaben, so sind sie

---

17) Vgl. Zenobius Cent. III 3; Hesychius und Suidas u. d. W. Γελλώ; Scholien zu Theokrit. XV 40. Die Brücke über das Mittelalter schlägt eine ganze Reihe von Erwähnungen, die Fix im Pariser Stephanus u. d. W. gesammelt hat.

18) S. Michael Psellus bei Leo Allatius a. a. O. S. 118. Derselbe (S. 126—137) giebt eine lange Legende, die erzählt, wie die beiden Heiligen Sisynios und Synodoros die Gello verfolgt, und eine magische Beschwörung derselben anweist, auch zwölf verschiedene Namen der Gello aufführt, deren Erklärung sich ohne Schwierigkeit ergiebt (s. Coteler zu monum. ecclesiast. Bd. I S. 745).

19) S. Michael Psellus bei Allat. a. a. O. S. 118: ἥ γε τήμερον ἐπέχουσα δόξα τοῖς γραϊδίοις τὴν δύναμιν ταύτην παρέχεται. πτεροῖ γοῦν τὰς παρηβηκυίας καὶ ἀφανῶς εἰσοικίζει τοῖς βρέφεσιν, εἶτα θηλάζειν ποιεῖ ταύτας καὶ πᾶσαν τὴν ἐν τοῖς βρέφεσιν ἀπορροφᾶν ὥσπερ ὑγρότητα.

durch Geräusch und Händeklatschen rasch zu vertreiben; aber auch so kränkeln die angesaugten Kinder zumeist und siechen langsam dahin. Deshalb lässt man auch die ungetauften Neugeborenen die ganze Nacht von Wachen umgeben, das Zimmer mit Schwefel räuchern, Knoblauch und Amulette an die Wiege hängen; auch Anstecken von Kerzen zu Ehren der Heiligen und Beschmieren der Kinder mit heiligem Oel hat abwehrende Kraft [20].

Der Zusammenhang mit den Strigen der Alten liegt auf der Hand. Auch diese sind alte Weiber, welche sich in Vögel verwandeln und kleinen Kindern das Blut aussaugen [21]. Die alte Form des Namens hat völlig unverwandelt der nahe verwandte Glaube der Albanesen und Wlachen bewahrt. Jene legen in der Gegerei Männern und Frauen, welche über hundert Jahr alt sind, die Eigenschaft bei, durch Anhauchen Menschen zu tödten, und nennen dieselben ὄτρίγέ-α und ὄτρίκ-ον [22]. Diese sagen, wenn ein

---

20) S. Leo Allatius a.a.O. S. 115—119; Skarlatos λεξικὸν u. d. W. στρίγγλα.

21) S. Festus S. 314, 33 Müller: *strigem, ut ait Verrius, Graeci στρίγγα* (die Hdschr. *syrnia*) *appellant, quod maleficis mulieribus nomen inditum est, quas volaticas etiam vocant*, und die ausführliche Sammlung von Soldan, *Geschichte der Hexenprocesse* S. 43 ff.

22) Hahn, *alban. Stud.* I S. 163.

Kind geboren wird, mit der entsprechenden Geste: dies in den Mund der „strigoi" [23].

Die armen Kinder aber, welche während der acht Tage von der Christnacht bis Neujahr geboren werden, schweben in der höchsten Gefahr, in καλλικάντζαροι verwandelt zu werden. Als solche schweifen sie des Nachts struppigen Aussehens und mit scharfen Krallen versehen herum, stürzen sich auf Jedermann, der ihnen begegnet, zerkratzen ihm das Gesicht und stellen sich dann auf seine Schultern mit der Frage: „Kork oder Blei?" Lautet die Antwort: „Kork", so ziehn sie weiter; lautet sie: „Blei", so drücken sie ihr Opfer durch ihre Schwere todt und zerfleischen es völlig. Der einzige Schutz gegen diese furchtbaren Wesen besteht darin, dass man ihnen ein Sieb giebt mit dem Geheiss, die Löcher desselben zu zählen: dann kommen sie nie über Eins, Zwei hinaus, was sie immer wiederholen; denn die Zahl Drei wagen sie nicht auszusprechen „tamquam sibi male ominosum" [24].

---

23) Schott, *walachische Mährchen* S. 297.

24) Nur mit Schüchternheit wage ich zur Erklärung dieses auffallenden Umstandes die Vermuthung vorzuschlagen, das Ominöse der Zahl Drei liege darin, dass ihr zauberabwehrende Kraft beiwohnt. Denn es wird mit dieser Zahl, wie ich bestimmt versichern kann, von den Neugriechen der Gedanke an einen *phallus cum testiculis* verbunden; weshalb man nicht selten die Zahl mit dem Zusatz: μὲ συμπάϑειο', d. i. «um Vergebung»

Ich eile zu constatieren, dass das Alterthum an diesen excentrischen Phantasien keinen Theil hat. Das Maass der Tollheit voll zu machen, haben dieselben zu der barbarischen Sitte geführt, die noch Leo Allatius kannte, in jener Zeit geborene Kinder mit den Füssen gegen ein auf dem Markte angezündetes Feuer zu legen und so lange liegen zu lassen, bis die Füsse fast geröstet sind. Mit dem Versengen der Nägel soll die Möglichkeit, ein Kallikantzaros zu werden, abgeschnitten sein, da dieser zu seinem blutdürstigen Amte vor allem der Krallen bedarf[25].

II Hochzeit

Die Gebräuche vor, bei und nach der Hochzeit sind vielfach besprochen worden. Schon Schweigger, *neue Reisebeschreibung nach Constantinopel. 1608* S. 222 ff. beschrieb eine griechische Hochzeit in Konstantinopel; die ganze ihm nachfolgende Schaar späterer Reisenden von Spon und Wheler an hat mit Vorliebe dieser Hochzeitsgebräuche Erwähnung ge-

---

aussprechen hört; wie man auch der aus einem anderen Grund bedenklichen (s. oben S. 61 Anm. 44) Zahl Fünf meist diese oder eine ähnliche Entschuldigungsformel beifügt. — Die Frage lautet: στοῦππος ἢ μόλυβδος;

25) Leo Allatius S. 141 f.

than. Ausführlicher behandelte den Gegenstand dann North Douglas, *an essay on certain points of resemblance between the ancient and modern Greeks. 1813* S. 110 ff., Fauriel, Vorr. zu *neugr. Volksl.* S. XX, übers. v. Müller und Bybilakis, *neugr. Leben, verglichen mit dem altgriechischen* S. 30 ff.[26] Der lokalen Eigenthümlichkeiten der Feier in den einzelnen Theilen Griechenlands gedachten besonders Tournefort, *voyage du Levant. 1717* I S. 124 f. (Mykonos), Pouqueville, *voyage dans la Grèce* II S. 52 ff. (Pogoniani), Papadopulo-Vretò, *memoria su di alcuni costumi degli antichi Greci tuttora essistenti nell' isola di Leucade* S. 32 ff. (Leukas), Χουρμούζης, Κρητικά S. 28 ff. (Kreta). Trotzdem bin ich durch meine vorzügliche elische Quelle in Stand gesetzt, dem Bekannten noch eine Reihe nicht unwichtiger Züge hinzuzufügen.

Für die Parallelisirung mit dem Alterthum ist es hier ganz besonders zu bedauern, dass die Nachrichten über die Hochzeitsgebräuche der alten Griechen so gar spärlich auf uns gekommen sind.

Bei dem noch immer sehr zurückgehaltenen Leben griechischer Jungfrauen wird selbst jetzt noch, wie fast durchgängig in der Türkenzeit, die Verlobung — ἀρραβῶνας, in Kreta δακτυλίδωμα[27] — durch Vermittler abgeschlossen. Wo aber die beiden

---

26) Vgl. auch *Lettres of Lady Montagne*, Brief XLII.
27) So genannt von dem Wechseln der Ringe, δακτυλίδια, s. Χουρμούζης, Κρητικά S. 28.

Geschlechter mehr Gelegenheit haben sich zu sehen und so der Jüngling seiner Auserkorenen die Liebe persönlich erklären muss, wird nach einer vereinzelt bestehenden Sitte Liebeserklärung und Heirathsantrag zugleich durch Zuwerfen eines Apfels [28] oder einer Blume gemacht.

Die Verlobung selbst wird in feierlicher Versammlung der beiderseitigen Familienmitglieder unter dem Segensspruch eines Priesters durch Wechseln der Ringe vollzogen [29].

Nach der Verlobung darf der Bräutigam seine Braut bis zum Hochzeitstag nicht sehen noch sprechen.

Am Sonntag vor der Hochzeit schickt der Bräutigam der Braut den Brautkuchen, κολούρα τῆς νύφης, welcher von einem Jüngling überbracht werden muss, dessen beide Eltern noch leben — μονvοκυρουδάτος [30]. — Der Bote muss streng darauf ach-

---

28) Ueber die nämliche Bedeutung des Apfels im Alterthume vgl. Dilthey, *de Callimachi Cydippa* S. 114 ff.

29) Ein paar Specialitäten bringt aus Kreta Churmusis S. 27 bei. — Der Verlobungsring (annulus pronubus) ist übrigens auch altrömisch, s. Becker, *Gallus* III S. 43, dritte Ausg.

30) Solche Knaben, denen noch beide Aeltern am Leben erhalten sind, wurden bereits von den alten Griechen wie Römern, dort ἀμφιθαλεῖς, hier «*patrimi et matrimi*» genannt, für glückbringend angesehen, und bei religiösen Handlungen begegnen wir ihnen zumeist. So musste, nur éines griechischen Gebrauches zu gedenken,

ten, dass er auf dem Wege nicht hinfällt noch seinen Kuchen irgend beschädigt; beides wäre von der übelsten Vorbedeutung. In das Haus der Braut darf er nicht eher eintreten, als bis diese ihm selbst den Kuchen abgenommen hat, welcher von ihr auf die Schwelle

---

ein solcher Knabe die *δαφνηφορία* beginnen (s. Photius, *biblioth.* S. 321, 23 Bekker.), vgl. auch Heliodor *aethiop.* I 22 ἀμφιθαλεῖς ὄντες, νόμου τοὺς τοιούτους καλοῦντος ἱερατεύειν. Und gerade bei den Hochzeitsgebräuchen galten sie bereits im hellenischen wie römischen Alterthum für unerlässlich. In Athen trug beim Hochzeitsschmauss ein solcher παῖς ἀμφιθαλής mit Dornen und Eichenlaub bekränzt eine Schwinge mit Brod herum und sprach dazu die Worte: «Dem Bösen entrann ich, das Bessere fand ich» (s. Lobeck, *Aglaophamus* S. 648). In Rom leistete bei dem Eheopfer ein *puer patrimus et matrimus* als *camillus* den Dienst; und drei solcher Jünglinge geleiteten bei der *deductio* die Braut (Marquardt, *röm. Alterthümer* V S. 49. 52). — Auch bei den heutigen Griechen finden wir ausser bei den Hochzeitsgebräuchen, wo er uns noch wiederholt aufstossen wird, einen solchen Knaben, dem beide Aeltern leben, gleichfalls bei dem fast durchgehends geübten Clidonas (κλήδονας), über welchen siehe Sanders, *neugr. Volks- u. Freiheitslieder* S. 8, ders., *Volksleben der Neugriechen* S. 205, Guys, *litterar. Briefe* I S. 191, deutscher Uebers., Bartholdy, *Bruchst. z. Kenntniss v. Griechenland* S. 440 f., Bybilakis a. a. O. S. 26. Er ist da zum Herausnehmen der Aepfel aus dem Kruge erforderlich. — Auch in Albanien ist die Vorstellung gekannt, s. Hahn, *alban. Studien* I S. 144, 146 u. öfters.

der Thüre gelegt wird; dann stürzen sich beide, sie von drinnen, er von draussen, auf denselben los und suchen das grösste Stück an sich zu reissen.

Damit ist die Braut zur Hochzeit eingeladen (*κα-λεσμένη*); d. h. die Hochzeit findet den nächsten Sonntag Statt.

Den kommenden Montag wird in beiden Häusern der zu den Hochzeitsbäckereien nöthige Waizen ausgesucht [31].

Den Mittwoch ladet eine Frau aus der Verwandtschaft der Braut und ein Mann aus der des Bräutigams die Hochzeitsgäste ein, beide reichlich mit Blumen geschmückt.

Den Donnerstag und Freitag wird der für die bevorstehende Feier erforderliche Bedarf an Holz eingeholt, für die Braut von Weibern [32].

Freitag Nachmittag (in Kreta den dritten Tag vor der Hochzeit) kommen die weiblichen Verwandte zusammen, das Brautbett unter besonders für diese Gelegenheit bestimmten Gesängen zurecht zu machen. Jede bringt zu diesem Zwecke irgend eine Kleinigkeit herbei, und wäre es auch nur ein wenig Stroh. Auf das frisch ausgebreitete Linnen werden Waizenbrod, Limonen, Orangen, Myrthen und Lorbeer ausgestreut,

---

31) Vgl. die ähnliche albanesische Sitte bei Hahn, *albanes. Stud.* I S. 144.

32) Auch hiefür kann auf eine parallele albanesische Sitte verwiesen werden, s. Hahn a. a. O.

über die Kopfkissen in drei Halbkreisen Brombeeren und Myrthenblüthen gelegt mit leicht verständlicher Symbolik [33].

Den Sonnabend Morgen beginnt das feierliche Schlachten. Der Bräutigam selbst muss den Stoss auf das erste Stück Schlachtvieh führen: doch darf das nicht nüchtern geschehen. Gegen Osten gewandt fällt so das erste Thier durch seine Hand. Aus der Art, wie das Blut des Thieres gespritzt ist, ob in einem geraden Strahl oder in Zickzack, daraus, ob dasselbe sich auf die Zunge gebissen oder geschäumt hat und ähnlichen Erscheinungen wissen alte Weiber und Männer untrüglich zu prophezeien, wie die bevorstehende Ehe beschaffen sein wird. Bei dem für den Bedarf des Hauses der Braut zu schlachtenden Vieh muss das erste Stück von der Hand eines Jünglings, dessen beide Aeltern noch am Leben sind, getroffen werden. In alle dem wird sich ein Rest des grossen Opfers, welches die alten Griechen vor jeder Hochzeit den Ehegöttern brachten, der $\pi\varrho o\gamma\acute{a}\mu\varepsilon\iota\alpha$ [34], kaum verkennen lassen.

---

33) Brod bedeutet Fülle, Limonen, Orangen, Myrthen und Lorbeer den Wunsch, dass die Liebe in der Ehe immer gleich frisch grünen und blühen und duften möge: die Brombeere ist das Zeichen der Fruchtbarkeit. — Die Hauptzüge dieser Scene sind aus Churmusis a.a.O. entnommen, einiges aus eigner Kenntniss hinzugethan.

34) S. Becker, *Charikles* III S. 298.

Im Laufe des Samstages sammeln sich dann die Gäste, jeder Fleisch, Brot und Wein zu den Schmausereien der Hochzeit beisteuernd.

Des Nachmittags geht von einem mit Speise und Trank schwer belasteten Pferde begleitet einer der genausten Freunde des Bräutigams [35] als Bote zu der Braut ab, bei ihr zu verbleiben, bis sie zu dem Hochzeitszuge abgeholt wird.

Im Hause des Bräutigams ist Abends ein solennes Gelage, an dem er sich selbst jedoch nicht betheiligen kann, da er während dessen mit besonderen Ceremonien zu dem morgenden Tage geschmückt wird. Frauen waschen ihm nach orientalischer Sitte den Kopf und zwar mit Wasser, das von einem Sohne noch lebender Aeltern zu diesem Zweck feierlich eingeholt ist[36], der Brautführer — νόνος, κουμπάρος[37], der altgriechische παράνυμφος — stutzt ihm den Bart; zum Schluss kämmen ihm die Frauen das Haupthaar. All das geschieht unter Absingung von Liedern, die betrauern, dass nun auch er sein jungfräuliches Leben verlassen und weltlich (κοσμικός) werden wolle, und welche mit einem klagenden Weinen endigen.

---

35) φορτωματιάρης genannt.

36) Ob eine Erinnerung an das λουτρὸν νυμφικόν, das Brautbad, dessen Wasser aus einer bestimmten Quelle von einem Knaben der nächsten Verwandtschaft geholt werden musste (s. Becker, Charikles III S. 300 ff.)?

37) So heisst der Zeuge bei Taufe und Hochzeit, wie das ähnlich auch bei den Serben der Fall ist.

Gleichzeitig werden der Braut, in derem Hause Ruhe herrscht, von ihren Freundinnen die Haare gekämmt und geflochten [38]. Von den bei dieser Gelegenheit gesungenen Liedern lautet ein in Thessalien übliches:

> Vom Berge mit der Gipfel drei
> Tönt so herab des Falken Schrei:
> «Dass heut' und morgen Abend auch
> «Ein jeder Wind in Ruhe sei!
> «Es macht Hochzeit ein Jüngling fein
> «Mit einem blonden Mägdelein.» [39]

Am Morgen des anderen Tages macht sich nach dem Frühstück [40] der Bräutigam unter Begleitung des Brautführers und der gesammten Verwandtschaft und Freundschaft auf, die Braut aus ihrem Hause zu der Trauung ($\sigma\tau\varepsilon\varphi\acute{a}\nu\omega\mu\alpha$) abzuholen. Sowie diese das älterliche Haus verlässt, überschüttet sie ihr zukünftiger Ehegemahl mit Geldstücken, Reis, Korn und Baumwollensaamen, lauter Zeichen der Fruchtbarkeit. Doch bevor sie diesem folgt, nimmt sie erst mit Gesang rührenden Abschied von Aeltern und der ganzen bis-

---

38) Guys a. a. O. I S. 199 erzählt, dass die Braut am Abend vor der Hochzeit unter Musik in's Bad geleitet würde.

39) Sanders, *neugr. Volksleben* S. 105.

40) Bei diesem war früher ein jetzt ziemlich in Vergessenheit gerathener Brauch, dass einer der Gäste einen mit drei Kerzen besteckten flachen Teller ($\kappa o \acute{v} \pi \alpha$) herumreichte und Geld einsammelte: zu welchem Zweck?

herigen Nachbarschaft; ein für diesen Augenblick bestimmtes thessalisches Liedchen lautet:

Ich lass' einen Gruss der Nachbarschaft, einen Gruss den Meinen allen,
Ich lasse meinem Mütterchen drei Flaschen bitteren Giftes,
Die eine trinkt sie morgens früh, die andre zu dem Mittag,
Die dritte und die giftigste an allen Feiertagen [41]).

Dabei bricht die Braut in lautes Wehklagen aus und sträubt sich dem Zuge zu folgen [42]). Wenn dann der Brautführer sagt: „lasst sie doch weil sie weint", lautet ihre wahr empfundene Antwort: „Führet mich fort von hier, aber lasst mich weinen".

Hierauf setzt sich der Zug, den Fiedler und Citherspieler anführen, unter Gesang nach der Kirche in Bewegung. Die Braut geht, meist zu Pferde, in der Mitte desselben von dem Brautführer und einer Verwandten geleitet; ihr Gesicht ist mit einem feuerrothen durchsichtigen goldbefranzten Schleier verhüllt,

---

41) Fauriel, *neugr. Volkslieder* S. 101 übers. v. Müller.

42) Diess Sträuben der Braut ist zu sehr ein ächt menschlicher, nicht bloss altrömischer, sondern auch albanesischer, wlachischer (s. Hahn, *alban. Stud.* I S. 196 Anm.) und wohl nicht weniger wie den heutigen auch den alten Griechen zuzuschreibender Zug, als dass die Römer (Festus S. 289ᵃ) Recht hätten, denselben aus dem Sabinerinnenraub herzuleiten.

wie wohl auch der altgriechische Brautschleier feuerroth war [43].

Nachdem dann das neue Paar in der Kirche von dem Priester eingesegnet ist, werden Kränze, die bald aus Lilien und Kornähren, den Symbolen der Reinheit und Fruchtbarkeit, bestehen, bald aus Weinblättern, die mit Bändern und Gold- und Silbertressen geschmückt sind, auf ihre Häupter gelegt und von dem Priester und dem Brautführer drei Mal herüber und hinüber getauscht (daher der Name στεφάνωμα) [44]. Dasselbe

---

43) Diess ist mit einiger Wahrscheinlichkeit zu folgern erlaubt aus dem römischen Gebrauch des «flammeum» (s. Marquardt a. a. O. S. 43 Anm. 208) verbunden mit der Sicherheit, dass diese Farbe bei den Griechen für die Hochzeit passend erachtet wurde, wie Achilles Tatius II 11 zeigt: ἐώνητο τῇ κόρῃ τὰ πρὸς γάμον ... ἐσθῆτα δὲ τὸ πᾶν πορφυρᾶν. Auch bei den Albanesen hat sich der feuerrothe Schleier erhalten, s. Hahn a. a. O. S. 145.

44) Die Hochzeitskränze werden sorgfältig bis zum Tode aufbewahrt und dann noch die Leiche mit ihnen geschmückt. Dass auch im alten Griechenland die Brautleute mit Kränzen geschmückt wurden, steht sicher, s. Becker, *Charikles* III S. 307. — In Kreta ist Sitte, dass bei dieser Bekränzung nach den Worten δόξῃ καὶ τιμῇ στεφάνωσον αὐτούς das Brautpaar mit Myrthenblättern, Limonen und Baumwollensaamen überschüttet wird (s. Churmusis S. 28): eine Akkomodation der gleich zu erwähnenden heidnischen καταχύσματα an den christlichen Ritus.

geschieht mit den goldenen und silbernen Ringen, welche der Geistliche vom Altar nimmt und dem Brautpaar ansteckt; das Wechseln geschieht hier noch häufiger, aber zum Schluss verbleibt der goldene Ring dem Bräutigam, der silberne der Braut. Hierauf wird das Paar drei Mal um den Altar herumgeführt unter einem über ihre Häupter gehaltenen Shawl [45]. Zum Schluss giebt der Priester demselben wie dem κουμπάρος und der κουμπάρα aus dem nämlichen Becher Wein zu trinken [46] und lässt sie von den in den Wein geworfenen Brodstückchen essen. Damit ist die kirchliche Feier beendet [47].

Hienach wälzt sich der Zug unter verwandten Gesängen in derselben Ordnung wie zuvor nach dem Hause des Bräutigams, mit der ängstlichen Sorge

---

45) S. Douglas a. a. O. S. 111; in Mykonos werden sie während dessen mit Faustschlägen und Fusstritten traktirt (s. Tournefort a. a. O.): welchen Sinn hat das?

46) Guys a. a. O. S. 217 meint damit vergleichen zu können Pindar. Olymp. VII 1, aus welcher Stelle doch lediglich ersehen wird, dass der Vater der Braut zur Verlobung dem künftigen Schwiegersohne zutrank. Ebensowenig durfte Bybilakis S. 35 f. einen gänzlich verschiedenen persischen und massaliotischen Gebrauch hiemit verwirren.

47) In Elis giebt beim Heraustreten aus der Kirche die Brautmutter dem Schwiegersohn eine kräftige Ohrfeige: man sagt, damit er sich ihrer auch in Zukunft erinnere.

keinem andern Hochzeitszuge zu begegnen, was für ein böses Omen gilt. Dabei werden aus allen Fenstern von Verwandten und Freunden Geldstücke, Reis, Baumwollensaamen, Zuckerwerk, auch Nüsse [48] herabgeworfen [49], und dem jungen Paare die besten Wünsche zugerufen [50]. Es ist das ohne Zweifel der überkommene Gebrauch der antiken καταχύσματα, von denen ein Scholion zu Aristophanes Plutus V. 768 sagt: τῶν νεωνήτων δούλων τῶν πρώτως εἰσιόντων εἰς τὴν οἰκίαν ἢ ἁπλῶς τῶν ἐφ' ὧν οἰωνίσασθαί τι ἀγαθὸν ἐβούλοντο καὶ τοῦ νυμφίου,

---

[48] Hierauf ist auch zu beziehen der Vers ἐκεῖ ἃς ξωδιάσουν τὰ καρύδια in dem Volkslied bei Fauriel II 2 N. XXXIV, nicht wie Müller S. 97 thut, auf den altrömischen Gebrauch, dass der Bräutigam Wallnüsse ausstreute (*nuces pueris dare*). Von einer diesem ähnlichen Sitte bei den Neugriechen wüsste ich nur anzuführen, dass in Leukas nach Beendigung der kirchlichen Feier der Bräutigam den Knaben des Orts Confekt und Geld auf die Strasse wirft (s. Papadopulo-Vretò S. 36); dagegen ist dieses Nüssewerfen noch bei den Wlachen erhalten, s. Sulzer, *Gesch. des transsilvan. Daciens* II S. 304.

[49] Der nur für diese Ceremonie gebrauchte Ausdruck ist das altgriechische Wort ῥαίνω (s. Skarlatos u. d. W.).

[50] Unter Flötenbegleitung, Absingung des Hymenaeos und dem glückwünschenden Zurufen der Begegnenden ging auch bei den alten Griechen der Zug nach dem Hause des Bräutigams (s. Becker, *Charikles* III S. 308).

παρὰ τὴν ἑστίαν τραγήματα κατέχεον εἰς σημεῖον εὐετηρίας, ὡς καὶ Θεόπομπός φησιν ἐν Ἡδυχάρει·

φέρε σὺ τὰ καταχύσματα ταχέως κατάχει τοῦ νυμφίου καὶ τῆς κόρης.

... σύγκειται δὲ τὰ καταχύσματα ἀπὸ φοινίκων, κολλίβων, τρωγαλίων, ἰσχάδων καὶ καρύων.[51]

Uebrigens erfolgt an manchen Orten dieser Zug in das Haus des Bräutigams erst am Abend, und dann gehen dem Zug, auf dem Lande in Tanzschritt, Fackelträger voraus; auch das Brautpaar selbst trägt Fackeln: damit ist dann ein antiker Hochzeitszug bis auf die δᾷδας νυμφικάς herab bewahrt[52].

Bevor die Braut dann in das Haus ihres Eheherrn eintritt, müssen erst eine ganze Reihe von Ce-

---

51) Eines ähnlichen Gebrauchs beim Eintritt eines Kindes in eine höhere Schulklasse, des Werfens der sog. γεμίσια gedenkt Korais, ἄτακτα III S. 55.

52) Guys a. a. O. S. 212 erzählt, es würde noch jetzt eine Fackel (des Hymen) dem jungen Paare vorangetragen und dann in dem Brautgemach aufgestellt, wo sie gänzlich herunterbrenne und es als üble Vorbedeutung angesehen werde, wenn sie durch Zufall erlösche. Ich wage das nicht ganz zu glauben, da die Guys'schen Angaben nicht immer verlässig sind: die Parallele mit dem δᾳδοῦχος, der gleichsam als Hymen selbst dem antiken Hochzeitszuge voranleuchtete (Becker a. a. O. S. 306) wäre sonst schlagend.

remonien, die an den verschiedenen Orten mannichfach variieren, vorgenommen werden.

Zunächst wirft ein Kind von dem Dache des Hauses auf das neue Paar verschiedenes Backwerk herab — die unmittelbare Nachahmung des eben erwähnten Gebrauches des griechischen Alterthums, dass das Brautpaar an dem häuslichen Herde des Mannes mit καταχύσματα überschüttet wurde. Dann bringt man der Braut ein in vier Stücke geschnittenes Brod, dessen vier Theile sie vor sich, hinter sich, nach rechts und links wirft[53], und einen Topf Wasser, welchen sie gleichfalls nach den vier Himmelsgegenden ausschüttet: das Hinwerfen von Brot und Wasser, den beiden für das Leben unentbehrlichsten Dingen, hat ohne Zweifel gleichfalls einen Glück und Fülle verheissenden Sinn[54].

Hierauf entwickelt sich eine weitere Scene mit

---

53) Diese Brotstücke sucht die begleitende männliche Jugend eifrig aufzufangen, weil sie als Zeichen baldiger eigenen Ehe gelten, ganz wie die Fackel, mit der bei den Römern beide Eheleute das neue Herdfeuer gemeinsam angezündet hatten, von den Gästen geraubt wurde und für den, der sie erbeutet, die nämliche Vorbedeutung hatte (s. Marquardt a. a. O. S. 53 Anm. 68).

54) Auf einer verwandten Vorstellung beruht der Gebrauch, welchen Leo Allatius S. 174 f. erwähnt, dass am Morgen des Neujahrstages der Hausherr im ganzen Hause drei Mal herumwandelt, Früchte und Backwerk in demselben ausstreuend: damit wird für das kommende Jahr alles Glück auf das Haus herabgezogen.

den Schwiegerältern der Braut, welche derselben bedeutende Geschenke an Oelbäumen oder Weinstöcken und so weiter versprechen müssen [55]. Erst dann lässt sich die Braut bereit finden, vom Pferde abzusteigen und geht nun auf ihrer Linken von ihrem Gemahl, auf der Rechten vom Brautführer geleitet auf die Thüre des Hauses zu. Aber noch darf sie nicht in dieses eintreten.

Die Schwiegermutter eilt vielmehr jetzt auf das Paar zu und bindet es mit Riemen fest zum Zeichen, wie unzerreissbar die Bande der Ehe Mann und Frau umschlingen sollen. Dann giebt sie den jungen Eheleuten aus einem Topf Honig zu essen: nicht bloss von unerschütterlicher Treue, auch voll lieblichen und süssen gemeinsamen Genusses soll die Ehe sein [56]. Und in Kreta empfängt an der Thürschwelle

---

55) So in Elis; auch von Kreta erzählt Churmusis S. 29 dasselbe.

56) In Leukas giebt die Schwiegermutter nur der Braut ein Stück Zuckerwerk zu essen «*per farle noto, che nella casa in cui essa entra deve portare seco la dolcezza*», wie Papadopulo-Vretò S. 38 sagt. Mir scheint unzweifelhaft, dass diesem gemeinschaftlichen Essen von Honig, was sich ähnlich auch in Elbassan vorfindet (s. Hahn, *alban. Stud.* I S. 197 Anm. 21), derselbe Sinn zu Grunde liegt, wie dem von Solon sanctionirten Gebrauch der Athener, vor der Hochzeit eine Quitte, ein $μῆλον$ $κυδώνιον$, gemeinschaftlich zu verzehren, welchen schon Plutarch, coniug. praec. 1 und quaest. Rom. 65 missver-

des Hauses die Braut eine Jungfrau, die ihr Honig und Nüsse (*μελοκάρυδον*) mit Sesam [57] gemischt, als bekannte Zeichen der Fruchtbarkeit [58] zu kosten bietet.

An die Thüre selbst heften sich dann an den verschiedenen Oertlichkeiten wiederum die mannichfaltigsten Gebräuche. In Leukas thut die Braut mit dem von ihrem Gemahl empfangenen Beile vier Schläge an die vier Ecken der Thüre [59]; in Kreta macht sie mit Honig vier Kreuze an dieselbe [60], was an den altrömischen Gebrauch erinnert, demzufolge die Braut die Thürpfosten bald mit Schweine- oder Wolfs-Fett, bald

---

stand, zuletzt Dilthey, *de Callimachi Cydippa* S. 114 richtig als «imago pulchritudinis vel *ὥρας* una perfruendae» erklärte.

57) Schon bei den alten Griechen spielte aus diesem Grunde der Sesamkuchen eine bedeutende Rolle, s. Schol. zu Aristoph. Pax 869: *ἐδόκουν ἐν τοῖς γάμοις σήσαμον διδόναι, ὅς ἐστι πλακοῦς γαμικὸς ἀπὸ σησάμου πεποιημένος διὰ τὸ πολύγονον, ὥς φησι Μένανδρος.*

58) Bybilakis a. a. O. S. 38, der dies *μελοκάρυδον* ein Symbol der Reinlichkeit, des Fleisses und der Fruchtbarkeit nennt.

59) Papadopulo-Vretò S. 38, der hinzufügt «per esprimere la permanenza, che dovra fare in casa di suo marito»; wieso diese Bedeutung hier untergelegt werden kann, sehe ich nicht recht ab.

60) Churmusis S. 29, welcher sagt: *οἱ μὲν σταυροὶ διὰ τοῦ μέλιτος ἐννοοῦν, νὰ εἶναι γλυκεῖα ἡ νύμφη ὡς τὸ μέλι.*

mit Oel beschmierte und dadurch unter den Schutz der Götter stellte[61]. In anderen Theilen Kretas ritzen die Männer des Gefolges in die obere Schwelle der Thüre mit ihren kurzen Dolchen Kreuze ein[62].

Die Schwelle selbst darf die Braut nicht berühren, sondern sie wird wie im alten Rom über dieselbe weggehoben[63], natürlich um ein böses Omen durch Anstossen des Fusses an der Schwelle zu vermeiden[64]. In einigen Theilen Griechenlands muss die Braut bei diesem Eintritt auf ein Sieb treten und zwar möglichst kräftig; denn nur wenn sie einen starken Eindruck in dasselbe macht, hat sie diese eigenthümliche aber für sehr sicher gehaltene Probe der Keuschheit bestanden[65].

Erst nachdem alle diese hergebrachten Förmlichkeiten durchgemacht sind, gelangt endlich die Braut

---

[61] S. Marquardt a. a. O. S. 52, Becker, *Gallus* II S. 26, 3te Ausg. Noch jetzt beschmieren die akarnanischen Wlachinnen bei dieser Gelegenheit die Thüre mit Butter; s. Heuzey, *le mont Olympe et l'Acarnanie* S. 278.

[62] S. Bybilakis S. 39, der das als eine gleichsam unbewusste Uebung der uralten Sitte ihrer Vorfahren, als ein symbolisches Einschreiben des μηδὲν εἰςίτω κακόν fasst. Uebrigens ist man äusserst sorgfältig auf Erhaltung dieser Zeichen bedacht.

[63] S. Douglas a. a. O. S. 112.

[64] Wie noch Rossbach, *die römische Ehe* S. 360 diese Sitte mit Plutarch als symbolische Darstellung des Raubes der Braut hat auffassen können, verstehe ich nicht.

[65] S. Douglas S. 112, Guys S. 218.

in das Innere ihres neuen Hauses. Hier erhält sie in Kreta einen Granatapfel, den sie zerbricht und dessen Kerne sie auf den Boden ausstreut[66]: die Granate war schon im Alterthum ein Symbol der Ehe und Fruchtbarkeit[67].

Sofort wird nun das junge Paar in das Brautgemach geführt und dort mit passenden Hochzeitsgesängen (παστικά) begrüsst[68].

Bei dem den Schluss des Tages ausfüllenden Schmause nehmen auch die Frauen Theil: nur die Braut bleibt verschleiert stehen. In der Mitte der Mahlzeit nähert sich ihr der Gatte und hebt den Schleier auf[69]; zu diesem feierlichen Moment singt man in Thessalien folgendes Lied:

Meine süsse Taube, mein Bräutlein fein
Sitzet an dem Wege und singet dort,
Fürchtet weder Knaben noch Jünglinge,
Fürchtet nur die Schwägerin, die eifrige,
Die schon früh am Morgen sie wecket auf:
«Auf, du junge Frau du, es ist schon Tag,
«Wann denn willst du backen der Brode neun
«Und an die neun Schäfer hinschicken sie
«Und dann warten wieder auf andre neun?»[70]

---

66) Churmusis a. a. O.
67) Zufolge der Menge der in der Granate eingeschlossenen Körner; s. Welcker, *griechische Götterlehre* II S. 319.
68) Bybilakis a. a. O. und Churmusis a. a. O.
69) S. Fauriel a. a. O. S. XXI.
70) S. Sanders, *neugr. Volksleben* S. 105.

Den Morgen nach der Brautnacht erscheint wie bereits bei den alten Griechen [71] schon bei Sonnenaufgang eine Schaar befreundeter Jungfrauen und Jünglinge, das junge Paar mit einem entsprechenden Lied aufzuwecken. Da ein derartiger Gesang weder in der Passow'schen Collection der neugriechischen Volkslieder noch sonst meines Wissens irgendwo gedruckt ist, theile ich einen aus meiner Sammlung in dem Urtexte mit:

Τῶρα τὴν αὐγή, τῶρα τὴν κονταυγούλα,
Τῶρα τὰ πουλιά, τῶρα τὰ χελιδόνια,
Τῶρα ἡ πέρδικες, ξύπνα, λαλοῦν καὶ λένε,
Ξύπν᾽ ἀφέντη μου, ξύπνα, καλέ μου ἀφέντη.
Ξύπν᾽, ἀγγάλιασε κορμὶ κυπαρισσένιο,
Ἄσπρονε λαιμό, βυζάκια σὰν λεμόνια,
Σὰν τὸ κρυὸ νερό.

Dieser Tag wird dann unter Schmausen, Zechen und Tanzen verbracht [72].

---

71) Bei Theokrit Idyll. XVIII 54 ff. schliessen die spartanischen Jungfrauen ihr Epithalamium auf Helena und Menelaos mit der Mahnung:

ἔγρεσθαι δὲ πρὸς ἀῶ μὴ 'πιλάθησθε.
Νεύμεθα κἄμμες ἐς ὄρθρον, ἐπεί κα πρᾶτος ἀοιδός
Ἐξ εὐνᾶς κελαδήσῃ ἀνασχὼν εὔτριχα δειράν.

Und der Scholiast zu dieser Idylle sagt ausdrücklich: *τῶν ἐπιθαλαμίων .. τινὰ ὄρθρια (ᾄδεται), ἃ καὶ προςαγορεύεται διεγερτικά.*

72) Guys a. a, O. I S. 188 versichert, unter den Hochzeitsspielen auch eine völlig antike *λαμπαδηδρομία* gesehen zu haben, bei der die Wettlaufenden mit ihren

Den dritten Tag bildet den Schluss der gesammten Festlichkeiten noch eine eigenthümliche Feier, welche folgendermassen vor sich geht [73]. In festlichem Zuge wird die Neuvermählte nach der Quelle oder dem Brunnen geführt, woraus sie in Zukunft ihren Wasserbedarf zu entnehmen hat. Dieser Akt ist so obligatorisch, dass er auch dann nicht unterlassen werden darf, wenn zufällig das Wasser dasselbe bleibt als das war, aus welchem die Vermählte bisher geschöpft hat. An der Quelle angekommen muss sie diese feierlich begrüssen und in hohler Hand aus ihr trinken; dann wirft sie einige Geldstücke, auch verschiedene Esswaaren in dieselbe hinein. Hierauf folgt ein von Gesang begleiteter Rundtanz um

brennenden Kerzen zuerst an dem gesteckten Ziele anzukommen bestrebt waren. Populär ist dergleichen wenigstens nicht; und sicher durfte er nicht aus dem altgriechischen Fackelzug, der die Heimführung der Braut geleitete, einen Fackellauf machen.

73) Ich habe dieselbe bloss bei Fauriel S. XXII beschrieben gefunden: aber auch seine Erzählung ist sehr kurz und äusserst fragmentarisch; mein elischer Gewährsmann hat mich auch hier weit besser instruirt. Einen ähnlichen albanesischen Gebrauch erwähnt Hahn, *alban. Stud.* I S. 147. — So viel ich weiss, bildet diese Wasserceremonie in den meisten Theilen von Griechenland den Schluss der Hochzeitsfeierlichkeiten; nur in Kreta (s. Bybilakis S. 47, Churmusis S. 29) folgt acht Tage später noch der ἀντίγαμος, die Gegenhochzeit, im Hause der Braut.

die Quelle. Und schliesslich schöpft ein Jüngling, dessen beide Aeltern noch leben, mit einem besonders dazu bestimmten Gefässe aus dieser Wasser und trägt es ohne ein Wort zu sprechen nach dem Hause des jungen Paares zurück; es ist so das besonders heilige und heilsame ἀμίλητο νερό [74]. Mit ihm gleichzeitig kehrt die ganze ausgezogene Gesellschaft wieder nach Hause zurück. Dort angekommen nehmen beide jungen Eheleute den Mund voll dieses unbesprochenen Wassers und suchen sich innerhalb der Thür des Hauses damit zu bespritzen.

Ich meine, für Jeden, der weiss wie überlieferte Gebräuche, die auf nicht mehr im Bewusstsein des Volkes lebenden Vorstellungen beruhen, zwar missverstanden und dann auch nicht selten in's Burleske verwandelt, aber selbst so oft noch lange beibehalten werden, kann es trotz der lächerlichen Schlussscene nicht zweifelhaft sein, dass hier eine uralte Sitte zu Grunde liegt. Welche, vermag ich nicht mit der wünschenswerthen Sicherheit zu bezeichnen: doch liegt es nahe, dieses ganze feierliche Bekanntmachen mit der Quelle zu parallelisiren mit den leider auch sehr unklaren Ceremonien, durch welche im alten Rom der Mann die Braut in die Gemeinschaft (des Feuers und) des Wassers aufnahm. Auch dabei musste ja nach dem sicheren Zeugniss des Varro [75]

---

74) S. oben S. 53 Anm. 27.
75) Bei Servius zu Vergil Aen. IV 104.

das Wasser von reinem Quell „*per puerum felicissimum*", d. h. wie bei der neugriechischen Gewohnheit durch einen Knaben, dessen Aeltern noch am Leben sind, geholt werden: auch dort wurde die Braut aus [dem *aquale* mit dem geweihten Wasser besprengt [76]. Indess, wenn Jemand etwas Besseres weiss, so ist mir's um so lieber.

Uebrigens ist heut zu Tage, wie auch schon in den historischen Zeiten von Hellas, durchaus das Gewöhnliche, dass die Braut Mitgift erhält, und diese wird gleich am Hochzeitstage feierlich in das Haus des Bräutigams geleitet. Nur bei den rohen und am meisten von allen fremden Elementen unberührt gebliebenen Mainoten ist mit so manchen anderen auch die ursprünglichere Sitte erhalten, dass die Braut keine Morgengabe, wohl aber ihr Vater vom Bräutigam eine Vergütigung für den Verlust der Tochter im Hauswesen erhält[77]: solcher Brautverkauf war bekanntlich auch griechische Ursitte [78].

Selbst der Gedanke des Frauenraubes, der bei den alten Spartanern die Regel war [79], ist im heutigen Griechenland hie und da noch nicht völlig ausgestorben, wie z. B. auf Euboea, wo der aus einem

---

76) S. Becker, *Gallus* II S. 29 3te Ausg., Marquardt a. a. O. S. 53.
77) S. Fallmerayer, *Geschichte Morea's* I S. 303 f.
78) S. Becker, *Charikles* III S. 294 f.
79) S. Becker, a. a. O. S. 303 f.

fremden Dorfe kommende Bräutigam mit seiner Sippschaft bei sinkender Nacht eintrifft und seine Schwiegerältern durch seine plötzliche Erscheinung zu überraschen sucht [80].

Zum Schluss muss ich noch des mit der Heirath verbundenen und im heutigen Hellas wie kaum anderswo allgemein verbreiteten Aberglaubens des Nestelknüpfens gedenken. Dieses Nestelknüpfen ($\dot{\varepsilon}\mu\pi\acute{o}\delta\iota o$ oder $\dot{\alpha}\mu\pi\acute{o}\delta\varepsilon\mu\alpha$) findet während der Trauung Statt, und desshalb knieet im Moment der Einsegnung um dem Uebel auszuweichen der Bräutigam auf die vorgelegte Schleppe oder das Kleid der Braut [81]. Den Zauber zu vollziehen genügt, dass die Zauberin oder der Zauberer die Namen des Paares kenne und irgend welchen noch so kleinen Theil ihrer Kleider [82] oder noch besser Haare derselben besitze [83]. Dieser Wahn steht bei dem gemeinen Manne noch völlig

---

80) S. Hahn, *alban. Stud.* I S. 196 Anm. 14.

81) S. Bartholdy, *Bruchst. z. Kenntniss Griechenlands* S. 356.

82) Vgl. Theokrit Idyll. II 53 ff., und was Westermann zu dieser Stelle citirt.

83) Dass der Besitz der Haare der zu schädigenden Persönlichkeit völlig in den Stand setze, jeden Einfluss auf dieselbe auszuüben, ist bekanntlich allgemeiner Glaube des klassischen Alterthums. Auch in Deutschland hat sich derselbe im Volke noch jetzt kräftig erhalten; vgl. z. B. die Begebenheit, die ich im n. rhein. Mus. XVIII S. 566 Anm. 31 erzählt habe.

unerschütterlich fest, und man scheut keine Ausgaben, um alte Weiber, die im Rufe des Zauberns stehen, zu bewegen, den Zauber zurückzunehmen. Ich bin im Stande die Ceremonieen mitzutheilen, welche eine solche Hexe anstellte, um einen in diesem Sinne an sie gestellten, durch Geschenke kräftigst unterstützten Wunsch eines jungen Ehepaares zu erfüllen. Mein Berichterstatter hat die ganze Scene unbemerkt und von der Dunkelheit der Nacht geschützt von einem Baume aus mit angesehen. In finsterer Mitternacht trat das alte Weib nackt, nur den Kopf mit einem schwarzen Tuche verhüllt und über die Schultern ein zottiges Hammelfell geworfen in ihren Garten. In den Händen hielt sie zwei Holzpfähle, drei grosse Nägel und einen Strick. Nachdem sie die zwei Pfähle in die Erde eingerammt und zwischen ihnen das Seil stramm aufgespannt hatte, stellte sie sich vor diesen Apparat, murmelte einige unverständliche Zauberformeln und sprang sieben Mal über den Strick herüber, indem sie ihre Beschwörungen fortsetzte; dann legte sie sich abermals sieben Male mit dem Rücken auf den Strick stark auf. Hierauf nagelte sie den Strick mit den drei Nägeln fest in die Erde ein, nahm aus ihrer Kopfbedeckung ein blaues Band, zerschnitt dasselbe in tausend Stücke und streute diese auf dem Boden umher. Daran schlossen sich neue in bestimmte wiederkehrende Formeln gefasste Zaubersprüche, deren Anfang $ντῶσε$, $σφίξε$ d. i. lasse nach, ziehe fest, lautete und welche die

Namen des Ehepaares erwähnten. Alsbald riss sie die Nägel sammt Strick und Pfählen aus dem Boden heraus und kehrte so in ihr Haus zurück [84].

III Tod

Abgesehen von den mannigfachen Schilderungen eines griechischen Leichenbegängnisses, welche die verschiedenen Touristen in ihren Reisebeschreibungen gegeben haben, sind die hier einschlagenden Gebräuche ausführlicher besprochen worden von Tournefort, *voyage du Levant* I S. 126 f., 130 f., Pouqueville, *voyage dans la Grèce* VI S. 146 ff., Douglas, *essay on resemblance betw. the anc. and mod. Greeks* S. 108 ff., Fauriel, Vorrede zu *neugr. Volksl.* S. XXIV f. übers. v. Müller, Papadopulo-Vretò, *costumi nell' isola di Leucade* S. 41 ff., Bybilakis, *neugr. Leben* S. 63 ff. Vor allem aber ist zu nennen die Arbeit eines Neu-

---

[84] Uebrigens hätten leicht zu den meisten dieser neugriechischen Hochzeitsbräuche, selbst zu dem Durchprügeln des Bräutigams durch die Schwiegermutter, dem Zusammenbinden des Brautpaars u. s. w. parallele Züge beigebracht werden können sowohl aus der heutigen Sitte indogermanischer Völker als aus den Gebräuchen der alten Inder (über die s. Haas in Weber's *indischen Studien* V S. 267 ff.). Doch habe ich mich auf den Vergleich mit den Gewohnheiten der alten Griechen und Römer wie der von beiden stark beeinflussten Albanesen und Wlachen meinem Zweck gemäss beschränkt.

griechen Πρωτόδικος, der in einer speciellen Monographie die heutigen Gewohnheiten in Parallelisirung mit den alten behandelt hat: περὶ τῆς παρ' ἡμῖν ταφῆς, μετὰ σημειώσεων καὶ παραβολῶν πρὸς τὴν ταφὴν τῶν ἀρχαίων. Ἀθήν. 1860. Er ist dabei zunächst von den Sitten seines Vaterlandes Paros ausgegangen, hat aber seine Kenntniss durch Erkundigung bei seinen Commilitonen (er war Student der Athenischen Universität) für die übrigen Theile von Hellas kompletirt. Das auf diese Weise von verschiedenen Seiten zusammengetragene Material kann ich nur in einigen wenigen Punkten aus eigner Kunde bereichern.

Für den Schwererkrankten ist nächtliches Hundegebell, Schrei des Raben und der Eule[85] ein sicheres Todeszeichen[86].

Kommt der Kranke dann wirklich zu sterben, so ist darauf zu achten, dass er nicht auf einer ziegenhaarenen Decke liegt, denn die erschwert den

---

85) Die Eule, der Unglücksvogel, heisst im Munde des Volkes euphemistisch χαροπούλι d. i. Freudenvogel (Protodikos S. 18). Auch sonst finden sich bei den heutigen Griechen vielfache lebhaft an die althellenischen von πόντος εὔξεινος, Εὐμένιδες u. ähnliches erinnernde Euphemismen, wie man z. B. die Pocken εὐλογιά d. i. Segen und die Personifikation derselben, eine alte scheussliche Frau ἡ συγχωρεμένη d. i. die Schonende nennt.

86) Fauriel, Vorrede zu *Volksl.* S. LIX, Protodikos S. 18.

Todeskampf[87]. Dass für den Sterbenden ein Hahn geschlachtet werde, wird zwar erzählt[88], doch traue ich der Sache nicht recht gerade wegen des berühmten Hahnopfers, welches Sokrates bei seinem Tode dem Asklepios zu schulden behauptete: ich habe die Angabe nie von wirklichen Leuten des Volkes bestätigen hören.

Hat dann der Verscheidende den letzten Athemzug ausgehaucht, so wird sofort die Thüre des Sterbezimmers geöffnet[89], Licht angesteckt und mit Weihrauch geräuchert[90]; und alsbald drückt die nächste Anverwandte dem Todten Augen und Mund zu[91].

Hierauf wird von den Leichenfrauen, welche σαβανώτριαι heissen[92], der entseelte Körper mit war-

---

87) So erzählte mir mein Elier; welcher Gedanke liegt dem zu Grunde?

88) Z. B. Baron Ow, *Aufzeichnungen eines Junkers am Hofe zu Athen* I S. 165.

89) So erzählte man mir in Athen: das geschieht doch wohl, damit die Seele des Verstorbenen aus dem Gemache entfliehen könne?

90) Protodikos S. 11. — Auch die alten Römer zündeten bei der Leiche Weihrauch an, s. Paulus p. 18 M. *Acerra ara quae ante mortuum poni solebat, in qua odores incendebant.*

91) Das war bereits den alten Griechen das γέρας θανόντων, s. Hermann, *griech. Privatalterth.* S. 199 Anm. 3; und heute ist es einer der grässlichsten Flüche: χέρι νὰ μὴ εὑρεθῇ νὰ σε καλύψῃ (d. i. die Augen zudrücken).

92) Von dem σάβανον, dem weissen Leichentuch, in

mem Wasser, in Kreta meist mit Wein [93], gewaschen, in seinen besten Anzug gekleidet und bekränzt [94]. So liegt er in der Vorhalle des Hauses ausgestellt [95], auf ein niedriges, schmales Bett ausgestreckt, den Kopf durch Kissen gestützt, das unverhüllte Gesicht gen Morgen gewandt, die Arme kreuzweise über der Brust zusammengelegt, die Füsse mit schwarzen Bändern festgebunden und zum Zeichen, dass der Todte nun auf immer das Haus verlasse, der Hausthüre zugekehrt [96]. Am Kopf und an den Füssen stehen zwei mit farbigen Bändern umwundene brennende Lampen [97],

---

das jede Leiche gehüllt wird (Protodikos S. 11; Bybilakis S. 63).

93) Bybilakis S. 63.

94) Auch der alten Hellenen Leichen wurden gewaschen, gesalbt, in reine Kleider gehüllt und bekränzt, s. Hermann a. a. O. Anm. 5—8. Ueber das Bekränzen giebt Papadopulo-Vretò a. a. O. ein paar Specialitäten.

95) Der terminus technicus dafür ist $\beta\acute{\alpha}\lambda\lambda\varepsilon\iota\nu\ \tau\grave{o}\nu\ \nu\varepsilon\varkappa\varrho\grave{o}\nu\ \varepsilon\acute{\iota}\varsigma\ \tau\grave{\eta}\nu\ \mu\acute{\varepsilon}\sigma\eta\nu$, s. Protodikos S. 11. Wir haben hier vollkommen die antike $\pi\varrho\acute{o}\vartheta\varepsilon\sigma\iota\varsigma$, über welche siehe Hermann Anm. 9—12; Becker, *Charikles* III S. 90 f., vgl. auch Panofka, *Bilder antiken Lebens* XX 1.

96) Das ist das alte $\grave{\alpha}\nu\grave{\alpha}\ \pi\varrho\acute{o}\vartheta\upsilon\varrho o\nu\ \tau\varepsilon\tau\varrho\alpha\mu\mu\acute{\varepsilon}\nu o\varsigma$, s. Hermann Anm. 11, und für die Römer Becker, *Gallus* III S. 52. Dieser von Protodikos übersehene Gebrauch steht völlig sicher und ist so charakteristisch, dass es für ein Todeszeichen gilt, wenn man beim Zubettelegen die Füsse gegen die Thüre kehrt.

97) Protodikos a. a. O.

an seiner Seite ein Weihwasserbecken, auf dass sich mit dem reinigenden Wasser die zu dem unreinen Todten kommenden und von ihm kehrenden Freunde und Verwandten besprengen[98].

Um die so ausgestellte Leiche beginnt jetzt die Todtenklage. Die Weiber, die sich inzwischen Trauerkleider[99] angelegt haben, treten mit aufgelösten Haaren auf den Todten zu und brechen, sich heftig an die Brust schlagend, zunächst in ungeordnete Schmerzenslaute aus. Bald reihen sich daran die regelrechten feierlichen Klagelieder, *μυρολόγια*. Gewöhnlich hebt die nächste Verwandte, Gattin oder Mutter, mit der Klage an; diese lösen der Reihe nach die anderen ab; auch singen zuweilen mehrere zugleich. Und nicht bloss die direkt von dem Schlage Betroffenen, auch solche, die vor Kurzem einen ähnlichen Unglücksfall erlebt haben, betheiligen sich oft bei diesen Klagege-

---

98) Pouqueville a. a. O. S. 147; Korais, *ἄτακτα* II S. 404 f. Diesem Gebrauch völlig analog ist die althellenische Sitte, vor die Hausthür ein Gefäss mit Sprengwasser, *ἀρδάνιον*, zu setzen, mit welchem sich die Herausgehenden reinigten (s. Hermann a. a. O. Anm. 14). Beide zeigen dieselbe Vorstellung von der Unreinigkeit des Todten.

99) So viel mir bekannt, sind die Trauerkleider immer schwarz. Fauriel S. XXIV spricht davon, dass die Frauen gleich nach dem Verscheiden des Todten in das Haus einer Freundin oder Verwandten gingen und sich dort wie zur Hochzeit in weiss kleideten; ich vermag indess nicht zu sagen, wo etwa diese Sitte bestehe.

sängen und tragen dem Todten Grüsse an ihre Verstorbenen auf [100]. Man bekommt von diesen in gewaltigster Aufregung und nicht selten in wahrhaft dämonischer Ekstase hervorquellenden Improvisationen durchaus keinen Begriff aus den wohlgefügten Versen, wie sie Passow, *popularia carmina Graec.* Gedicht CCCLII bis CCCCVII unter der Ueberschrift „Myrologia" zusammengestellt hat. Das sind fast alles Klagelieder, wie sie in dem langen meist einjährigem Verlauf der Trauerzeit wohl gesungen werden: aber die unmittelbar nach dem Verlust ungezügelt hervorbrechende Leidenschaft des heftigsten Schmerzes fügt sich nicht in strengen Rhythmus, sondern begnügt sich mit gehobener Prosa, und die Phantasie geht da in viel ungeregelteren Sprüngen, als es jene poetisch weit vollendeteren Gedichte thun. Man lese nur z. B. das tief ergreifende Klagelied jener fünfundzwanzigjährigen Frau von Metzovon auf dem Pindos um ihren Mann, welches Fauriel selbst angehört hat [101]. Ein recht charakteristisches Zeugniss für

---

100) Fauriel S. XXIV. Auch bei den Alten jammerten um das Bett in der Halle gedrängt die Weiber der Verwandtschaft in lebhaften Wehklagen (s. Becker, *Charikles* III S. 92). Todtenklage ist ja überhaupt so alt wie der Mensch und bei allen naturwüchsigen Völkern jeder Zeit zu finden.

101) S. Fauriel S. LXV f.; vgl. auch die Klage der untröstlichen Mutter bei Guys, *litter. Briefe* I S. 244. — -Trotzdem berührt freilich um vieles wohlthuender das

die dortige eigenthümlich wilde Sitte geben auch die zehn in der Maina entstandenen völlig in dem Augenblick aufgegangenen und meist von leidenschaftlichem Rachegefühl durchglühten Myrologien, die in einem Buche gedruckt sind, welches in Deutschland kaum Jemand kennt, geschweige denn besitzt, nämlich als Anhang zu einer 1853 in Athen von einem Ungenannten besorgten Ausgabe der öfter und bei weitem besser herausgegebenen lakonischen Chorographie des Niketas [102]. Ich erlaube mir deshalb zur Probe wenigstens einen dieser auch sprachlich vielfach lehrreichen [103] Gesänge, den dritten, als den kürzesten, einzuschalten:

Maasshalten auch im Schmerz, welches die Hellenen wenigstens der besten Zeit bei der Trauer um ihre Todten im Gegensatz zu so manchen andern Völkern des Alterthums kennzeichnet, und was sich auch in dem einzigen eigentlichen μυρολόγιον, was wir von ihnen kennen, nicht verläugnet. Es steht bei Lucian. de luctu § 13 und lautet: τέκνον ἥδιστον, οἴχῃ μοι, καὶ τέθνηκας καὶ πρὸ ὥρας ἀνηρπάσθης, μόνον ἐμὲ ἔτι τὸν ἄθλιον καταλιπών, οὐ γαμήσας, οὐ παιδοποιησάμενος, οὐ στρατευσάμενος, οὐ γεωργήσας, οὐκ εἰς γέρας ἐλθών· οὐ κωμάσῃ πάλιν, οὐδ' ἐρασθήσῃ, τέκνον, οὐδ' ἐν συμποσίῳ μετὰ τῶν ἡλικιωτῶν μεθυσθήσῃ.

102) Ἡ Λακωνικὴ χωρογραφία ὑπὸ τοῦ Νικητᾶ Νήφου Λάκωνος, μετὰ τῆς Λακωνικῆς δημώδους ἀνθολογίας τῶν περιεργοτέρων μυρολογίων κτλ., ἐκδιδομένη ὑπὸ ***. Ἀθήν. 1833. S. 19—34. Das Buch ist auch Passow unbekannt geblieben.

103) Womit ich mich übrigens durchaus nicht rüh-

Ἔ Λιγορίτσα Παρασκῆ
Ἄν ᾖ καὶ πᾶς στὴν κάτω γῆ
Καὶ 'δγῆς τὸν σκυλακόγιαννη
Καὶ τὸν ἀζογκαθόγιαννη,
Νὰ τὸν ἐπάρῃς χωριστά,
Νὰ τοῦ τὰ 'πῇς τὰ ἔμπαντα,
Ὅτι κρούεται ἡ μάνδρα καὶ ὁ Γουλᾶς,
Τὸ κάστρο τῆς Μονεμβασιᾶς
Τὸ κρούει ὁ Βαβουλόλιας
Καὶ ὁ διακονοδικέακας.
Πό' τρέχε καὶ διακόνιζε
Γιὰ τὸ κομμάτι τὸ ψωμί
Τῆς διακονιάρας τὸ παιδί
Γιὰ δύω πέτρας τοῦ ἡλιακοῦ
Πιάναμε τσακονούμαστου,
Καὶ ὁ Γεώργαρος νὰ ἦναι καλά
Σὰν τ' ἅγιου Λία τὰ βουνά,
Ποῦ ἔφαγε μπόλικο βυζί
Κ' ἔβγαλε πλάτες καὶ κορμί,
Γιὰ νὰ σκοτώνῃ τοὺς 'δικούς
Χειρότερα ἀπὸ τοὺς ἐχθρούς.
Σκότωσε τὸν κουζόγιαννη
Τὸ ψυχαράκι τοῦ ντουνιᾶ
Μὰ ἤτανε ἡ μόστρα στὴν γωνιά.

An Stelle der klagenden Verwandten treten auch nicht bloss in Kleinasien und auf den Inseln[104], sondern durch ganz Hellas[105], meist indess nur supple-

men will, alle Einzelnheiten dieser Lieder zu verstehen: auch Neugriechen, die ich über verschiedene Worte consultiert, wussten meist keinen Bescheid.

104) Wie Fauriel S. XXV glaubte.
105) S. Protodikos S. 12.

mentarisch, wenn jene völlig erschöpft sind, besonders gedungene Klageweiber, *μοιρολογήτριαι,* die entblössten Hauptes mit aufgelössten Haaren, gewöhnlich weiss gekleidet [106], ganz den *ιαλεμίστριαι* und *praeficae* der Alten gleichen [107] und mit lauter Stimme Tugenden und Verdienste des Verstorbenen preisen [108].

Uebrigens wird von diesen gesammten Ceremonien bei einem Todesfall in der Fremde nichts versäumt: man legt dann nur ein dem Todten ähnliches Bild mit jenes Tracht bekleidet auf das Bett, und um diese Puppe werden in gleicher Weise die Klagelieder gesungen [109].

---

106) S. Sutsos, *Gesch. der griech. Revolution* S. 172.

107) Auch in Sardinien, wo sie sogar noch den alten Namen *prefiche* neben *piagnoni* bewahrt haben, in Corsika, da *voceratrici* oder *ballatrici* genannt, und bei den Wlachen (s. Schott, *walachische Mährchen* S. 302) finden sich noch jetzt solche Klageweiber.

108) Eine lebhafte Schilderung ihres Treibens giebt Zuccarini im *Ausland* vom 11ten November 1832, N. 316 S. 1262.

109) S. Fauriel S. XXV. Es ist das eben ein Beweis für die Wichtigkeit und Bedeutung, die diesen Ceremonien vom Volke beigelegt werden; und man erinnert sich dabei der ähnlichen albanesischen Sitte, die Hahn, *alb. Stud.* I S. 152 erzählt, und auch des analogen von Isaeos de Astyph. §4 berichteten Falles, dass die *πρόθεσις* in aller Feierlichkeit mit den in die Heimath zurückgebrachten Gebeinen eines auswärts Verstorbenen ange-

Die Todtenklage dauert unausgesetzt fort bis zur Bestattung, welche bisher, wie im alten Hellas, möglichst rasch erfolgte[110] (was jetzt durch Verordnung der vorigen Regierung abgestellt ist).

Wenn während dieses Trauergesanges ein Kind niest, so ist das nach einem seltsamen Aberglauben ein Vorzeichen seines baldigen Todes: nur rasches Zerreissen seines Hemdes von oben bis unten kann dasselbe vor Unglück wahren[111].

Verständlicher ist mir, aber nicht minder merkwürdig (was mir mein elischer Gewährsmann sagt), dass man eine Leiche nie unbewacht lässt aus Furcht es könne ein Kind oder ein Thier über sie springen, weil dann der Todte ein Wrukolakas werden müsse. Als Mittelglied ist dabei zweifelsohne zu supplieren, dass das Springen über den Todten den bösen Geistern den Weg bahnt, wie das der verwandte Aberglaube bei Schwangeren[112] einleuchtend lehrt.

Ueber die Vampyre der Neugriechen, die Wrukolaken, über welche grosse Verwirrung herrscht, kann ich leider hier mich nicht weiter verbreiten[113];

---

stellt wurde, wie des im Wesentlichen verwandten althellenischen Gebrauchs der Kenotaphien.

110) Die Alten glaubten, eine baldige Bestattung sei den Todten angenehm, s. Becker, *Charikles* III S. 94.

111) Bybilakis S. 64.

112) S. oben S. 70.

113) Ich muss mich begnügen zur vorläufigen Orientirung zu verweisen auf I. M. Heineccius, *de absolutione*

nur das unmittelbar Nothwendige hebe ich kurz hervor.

1. Das Wort βρουκόλακας, dessen Form ungemein variirt [114], ist offenbar dasselbe mit dem slavischen Namen für Werwölfe, dem serbischen *wukodlak* [115], dem polnischen *wilkolak*, dem böhmischen *wlkolak* — d. i, *wuk* (*wilk*, *wlk*) = Wolf, und *dlak* im Serbischen = Haar —, während die gewöhnliche Herleitung aus dem Altgriechischen [116] völlig zu verwerfen ist. Trotzdem aber, dass das Wort slavisch ist, ist die Vorstellung doch nicht von den Slaven

---

mortuorum excommunicatorum seu tympanicorum in ecclesia Graeca. *Helmstadt. 1709*, Martin. Crusius, *Turco-Graecia* II S. 27 f., Leo Allatius, *de quorund. Graec. opinionibus* S. 142 ff., Tournefort, *voyage du Levant* I S. 131 ff., Pouqueville, *voyage de la Grèce* VI S. 153 f., Korais, ἄτακτα I S. 267, II S. 84, Χουρμούζης, Κρητικά S. 28 Anm. 3, Pashley, *travels in Crete* II S. 201. 207. 209. 221 f. 226. Die von Spon verheissene Dissertation des Jesuiten Babin über die Wrukolaken ist leider nicht erschienen.

114) Man findet βρουκόλακας, βρυκόλακας, βουρκόλακας, βουλκόλακας, βουρβόλακας, βουρβούλακας, selbst βουθρόλακας, und oft auch ist das zweite Kappa verdoppelt βρουκόλακκας u. s. w., auch die Endung -ος statt -ας kommt vor βρουκόλακος u. s. f. Uebrigens begegnen wir Wort und Glauben auch im Albanesischen als βουρβολάκ-ου (s. Hahn, *alban. Stud.* I S. 163).

115) Vgl. Zopf, *de Vampiris Serviensibus, Halae 1733.*

116) Sowohl die von Korais aus μορμολύκη, als die von Allatius aus βοῦρκα und λάκκος.

übernommen, sondern den Griechen ursprünglich eigenthümlich, wie mit Evidenz der Umstand erweist, dass diese Wrukolaken in Kreta einen eigenen ächtgriechischen Namen, καταχανάδες, tragen; der Glaube ist also dem Kern nach altgriechisch [117].

2. Das Kennzeichen, an dem zu ersehen, ob einer ein Wrukolak geworden ist, besteht darin, dass sein Cadaver nicht verwest, die Haut wie ein τύμπανον wird, woher er auch τυμπανιαῖος heisst (s. unten).

3. Die Ursachen des βρουκολιάζειν (mich dieses den Neugriechen geläufigen Ausdruckes zu bedienen) sind sehr verschieden. Excommunication, starkes Sündigen, Verfluchung durch Aeltern oder Andere, Einlassen mit Zauberern [118], können alle diesen Zustand nach sich ziehen, handgreiflicher Weise desshalb, weil die Betreffenden sämmtlich der Gewalt des Teufels oder überhaupt der bösen Geister anheimgefallen sind. Auch unser eben besprochener Fall läuft auf das Nämliche hinaus. Ein Fünftes, erfahre ich

---

117) Siehe auch Sanders, *Volksleben der Neugriechen* S. 314, der jedoch irrt, wenn er den Stoff zu Göthe's «Braut von Korinth» im Lucian sucht: derselbe steht vielmehr in Phlegon's Mirabilia Kap. 1, worüber Struve, *zwei Balladen von Göthe, verglichen mit den griechischen Quellen. Königsberg 1826* (jetzt auch in dessen *opuscula selecta. 1854*) ausführlich gesprochen hat.

118) Das Letztere erfuhr ich von meinem elischen Gewährsmann.

durch meinen Elier, hat gleichfalls diese Folgen: der Genuss des Fleisches eines Lammes, welches von einem Wolfe erwürgt ist. Hier tritt also, wie es scheint, deutlich hervor die sonst bei den neugriechischen Wrukolaken nicht mehr erkennbare Natur des Werwolfes, der ja auch bei den alten Griechen durch einen merkwürdig weit verbreiteten Aberglauben getragen wurde [119]; falls man nicht vorzieht dabei in dem Wolfe überhaupt das Dämonische und Teuflische zu sehen, was Slaven [120] und Germanen [121] diesem Thiere beilegen und auch die Neugriechen annehmen müssen, da sie in solcher Furcht vor dem Wolfe schweben, dass sie sich selbst scheuen den Namen λύκος auszusprechen [122].

So viel beiläufig über diese wüste Partie neugriechischen Aberglaubens.

In einzelnen Theilen Griechenlands, in einigen Dörfern jenseits des Orthrys, hie und da in Makedonien und in Kleinasien [123], auch sonst verein-

---

119) S. Welcker, *kleine Schriften* III S. 157 ff. (*Lykanthropie, ein Aberglaube und eine Krankheit*), Otto Jahn, *über Lykoros* in den Berichten der sächs. Ges. der Wiss. 1847 S. 423 ff.; vgl. im Allgemeinen Hannsch, *die Werwölfe* in der Zeitschr. f. deutsche Mythol. IV S. 193 ff,

120) S, Jacob Grimm, *Reinhart Fuchs* S. XXXVII.

121) S. Goerres, *Lohengrin* S. LXXXVI.

122) Wie ich in Syra gehört habe.

123) Protodikos S. 14, Stephani, *Reise durch das nördliche Griechenland* S. 38.

zelt[124] wird der Verstorbene vor seiner letzten Wanderung noch mit dem versehen, was den alten Griechen für das Wichtigste auf diesem Wege galt, mit der Danake, dem Obolos als Fährgeld für den Nachen des Charon[125], einer kleinen Geldmünze, die man dem Todten in den Mund legt und in Kleinasien sogar noch Ueberfahrtsgeld, περατίκιον, nennt[126], wie die Alten ναῦλον, πορθμήιον[127].

Wird dann der auf solche Weise ausgestattete[128]

---

124) S. Hahn, *alban. Stud.* I S. 199 Anm. 46, *Λεύκιος, ἀνατροπὴ κτλ.* S. 30.

125) S. Hermann a. a. O. S. 201 Anm. 19; Becker, *Charikles* III S. 86 ff. Seitdem man genauer darauf achtet, findet man fast regelmässig bei Eröffnung eines griechischen Grabes an der Stelle, wo der Kopf lag, eine kleine Münze.

126) Protodikos a. a. O.

127) Auch in den spätern römischen Gräbern haben sich solche Münzen z. Th. noch zwischen den Zähnen mehrfach gezeigt, s. Braun in den Jahrbüch. des rhein. Vereins f. Alterthsfr. XVII S. 110 ff. Derselbe Gebrauch ist noch heute bei den Albanesen (s. Hahn a. a. O. S. 151) und den Wlachen (s. Schott, *walach. Mährchen* S. 302); auch die alten Deutschen kannten dieses Fährgeld über das Unterweltswasser, s. Grimm, *deutsch. Myth.* S. 791 zw. Ausg.

128) Tournefort a. a. O. S. 126 erwähnt, dass auf Milo nach griechischer Sitte die Leiche mit ihren Hochzeitskleidern geschmückt werde, und vergleicht Balsamon in canon 106 Carthag.: **synodali edicto excommunicati sunt (qui) pro epitaphio epithalamium celebrant.**

Todte zu dem feierlichen Begräbniss abgeholt, so schüttet man in dem Augenblick, wo die Leiche zu dem Hause herausgetragen wird, einen Krug mit Wasser aus, zerbricht auch wohl den Krug selbst [129]. Als Grund für diese Spende wird von dem gemeinen Manne selbst angeführt, dass dadurch der Seele des Verstorbenen eine Erfrischung geboten werden solle. Aehnlich sieht man auch auf griechischen Kirchhöfen häufig zerbrochene thönerne Krüge stehen, aus denen vordem eine dreifache Wasserspende gegossen ward [130]. Und auf eine verwandte Anschauung führt noch der andre Gebrauch, vierzig Tage lang nach dem Tode in dem Sterbezimmer ausser einer immerbrennenden Lampe [131] ein Gefäss mit Wasser hinzustellen. Doch scheint diese volksthümliche Interpretation, die sich offenbar an die Vorstellung von dem wasserlosen Hades [132] anlehnt, mir trotzdem etwas bedenklich: und es dürfte vielleicht näher liegen, dem Wasser in diesen Fällen nur reinigende Kraft zuzuschreiben. Wenigstens

---

129) Protodikos S. 13 spricht nur von dem Wasserverschütten, Pouqueville S. 146 nur von dem Zerbrechen des Gefässes: mir ist beides zusammen erzählt worden.

130) So erzählte mir der griechische Priester, der mich auf einem Gottesacker herumführte; auf meine Frage, was das bedeute? entgegnete er, das wisse man nicht.

131) Sie heisst $\mathit{ἀκοίμητον\ λύχνον}$, s. Bybilakis S. 67 f., Protodikos S. 15, der es nur von Paros erzählt.

132) Siehe oben S. 21 und S. 51 Anm. 18.

hat der antike [133] Gedanke, dass alles, was mit dem Todten irgend in Berührung kommt, verunreinigt werde, auch in dem heutigen Hellas noch manchen andern Gebrauch hervorgerufen. So wird, sobald der Todte wirklich das Haus verlassen hat, sofort das ganze Haus gescheuert [134]. Und wie hier die Reinigung des Hauses vorgenommen wird, so ist es in Kappadokien [135] und Kreta [136] gebräuchlich, sich bei der Heimkehr von der Bestattung die Hände zu waschen. Auch sind sämmtliche Häuser und Läden, an denen der Leichenzug vorbeigeht, aus demselben Grunde geschlossen [137].

Der Leichenzug selbst bewegt sich unter Klagesängen durch die Hauptstrassen des Orts nach der Kirche. Die Leiche liegt offen auf der Bahre mit Blumen geschmückt, oft noch in solcher Frische, dass man kaum daran glaubt, einen Todten hinaustragen zu sehen. Wo Heulweiber in Anwendung kommen, gehen diese wie die Karinen der klassischen Zeit [138]

133) Vgl. Scholion zu Aristophanes Nubes 838. ἔθος ἦν μετὰ τὸ ἐκκομισθῆναι τὸ σῶμα καθαρμοῦ χάριν ἀπολούεσθαι τοὺς οἰκείους τοῦ τεθνεῶτος. In Rom wurde nach der Leichenfeier die ganze Versammlung durch Besprengung mit Weihwasser lustriert (s. Becker, *Gallus* III S. 378).

134) So erfuhr ich in Athen.

135) S. Protodikos S. 13.

136) S. Bybilakis S. 67.

137) S. Protodikos S. 13.

138) Becker, *Charikles* III S. 96.

dem Zuge voran die Brust zerschlagend, die Haare raufend und leidenschaftliches Schmerzgeschrei ausstossend. Während der religiösen Ceremonien verstummt der Klagegesang, der dann wieder auf das herzzerreissendste ausbricht, wenn die letzte derselben, welche der griechisch-katholischen Kirche eigenthümlich ist, ὁ τελευταῖος ἀσπασμός, der Abschieds-Gruss an den Todten d. h. das Küssen auf den erblassten Mund, beginnt. Dann wird die Leiche ohne Sarg in die blosse Erde gesenkt, da nach dem Glauben des Volkes so die Verwesung rascher und vollständiger vor sich geht. Nur die Reicheren lassen jetzt auch Särge zu. Dabei achtet man darauf, dass die Leiche nach Osten zu liegen komme [139]. Auch giebt man ihr meist zum Geleit einen Scherben mit, auf dem die Buchstaben I. X. N. und Θ(εοῦ). M(ήτηρ), oder I. N. R. I., zuweilen auch ein Pentalpha eingeritzt sind [140]. Nach dem Begräbniss wird an alle Anwesenden Backwerk und Wein ausgetheilt, hie und da auch von den gleich zu beschreibenden κόλλυβα [141].

Den Abend ist im engeren Kreise der Verwandtschaft und Freundschaft das Todtenmahl, wobei man

---

139) Protodikos S. 13.
140) Protodikos S. 14, Tournefort a. a. O. S. 126.
141) Man nennt dies die μακαρία, s. Protodikos S. 14. Auch albanesischer Brauch ist gleich es nach der Bestattung die κόλλυβα zu vertheilen, s. Hahn, *alban. Stud.* I S. 151.

des Verstorbenen in Liebe gedenkt und den Leidtragenden Trost einspricht [142].

Am dritten, neunten und vierzigsten Tage, am dritten, sechsten und neunten Monat nach dem Tode, endlich am Jahrestage des Ablebens [143] wird das Gedächtniss des Verstorbenen überall durch die κολλύβων προσφορά gefeiert. Die κόλλυβα oder κόλυβα bestehen nach altchristlicher Sitte [144] aus gekochtem Waizen mit Rosinen, Mandeln, Granatäpfelkörnern, Honig, auch wohl Sesam und Basilienkraut [145]. Dieser Brei wird dem Todten auf das Grab gesetzt und dann nach Abhaltung einer Messe an demselben und nach erneuten Klageceremonien an die Anwesenden ausgetheilt. So war wenigstens in früheren Zeiten,

---

142) S. Neigebauer und Aldenhoven, *Handbuch für Reisende in Griechenland* S. 231, Bybilakis S. 67, Protodikos S. 16. Dies heisst die παρηγορία. Eine solche Familienmahlzeit zum Andenken des Todten fand auch bei den alten Hellenen statt, s. Hermann a. a. O. Anm. 31.

143) Dafür die Namen τρίμερα, ἐννιάμερα, σαράντα· τρίμηνα, ἑξάμηνα, ἐννηάμηνα· χρόνος. S. Protodikos S. 16, Tournefort I S. 126; 130 f. und 193 f., Bybilakis S. 69. — Das Gedächtniss des Sterbetages wird bei den Bauern auch durch reichere Spenden von Fleisch, Brot und Wein an Arme gefeiert, s. Protodikos S. 17, Tournefort S. 131.

144) S. Nicephorus Callist. *hist. eccles.* X 12. Das Waizenkorn ist dabei nach Evang. Johannes XII 24 Symbol der Auferstehung.

145) S. Tournefort a. a. O. I S. 193 f. Diese Masse heisst χυλός.

noch als Tournefort reiste, der antiker Sitte ziemlich nahe stehende Brauch: jetzt begnügt man sich meist an Freunde und Nachbarn von dem Brei mit Brod und Wein auszutheilen und auch etwas davon auf das Grab zu stellen. In Kasos und andern Inseln an der kleinasiatischen Küste [146], auch in Kreta [147] fügt man diesen κόλλυβα noch einen mit Honig und wohlriechendem Wasser angemachten Kuchen, ψυχόπητta, bei. Es ist unmöglich bei dem allen nicht daran zu denken, wie auch im griechischen Alterthum am dritten und neunten Tage dem Verstorbenen eine förmliche Mahlzeit bereitet wurde [148], dass auch in Rom am neunten Tage zur Feier der *novemdialia* dem Todten ein Mahl auf das Grab gesetzt wurde [149].

Auch die Spenden, χοαί, die von den alten Hellenen auf dem Grabe ausgegossen wurden [150], haben sich in verschiedener Form noch erhalten. In Makedonien, Trapezunt, Kappadokien, vielleicht auch anderswo wird an den aufgezählten Gedächtnisstagen auf den Gräbern den Todten dunkler Wein gespendet [151]. Oft sieht man ganz ähnlich wie bei antiken

---

146) S. Protodikos S. 17.
147) S. Bybilakis S. 69.
148) S. Becker, *Charikles* III S. 115; man nannte das τρίτα und ἔνατα.
149) S. Becker, *Gallus* III S. 378 dritt. Ausg.
150) S. Hermann a. a. O. Anm. 32, Becker, *Charikles* III S. 121.
151) S. Protodikos S. 17. — Auch bei dem Todten-

Gräbern an den heutigen eine hölzerne oder thönerne Röhre eine paar Zoll hoch angebracht, um dem Todten diese Libationen zuzuführen [152]. Sonst stellt man auch Weihrauchgefässchen mit brennendem Weihrauch auf die Gräber und steckt von Zeit zu Zeit Kerzen auf denselben an [153].

Die Trauer um den Todten wird von den nächsten Verwandten, namentlich Mutter und Weib, ein ganzes Jahr streng gehalten: sonst ist die gewöhnliche Trauerfrist drei Monate und für Fernerstehende vierzig Tage [154]. Männern und Frauen gemeinsames Zeichen der Trauer ist die schwarze Kleidung; ausserdem lassen sich die Männer den Bart lang wachsen [155], und die Frauen verlassen womöglich während der ganzen Trauerzeit nie das Haus.

Uebrigens ruht nach der Vorschrift der griechischen Kirche die Leiche nur drei Jahre in der Erde, dann wird sie ausgegraben, die Knochen gereinigt

---

opfer der Alten war Wein unerlässlich, s. Nitzsch zur Odyssee III S. 162.

152) S. Fellows, *Reise durch Kleinasien* S. 241 deutsch. Uebers.

153) S. Protodikos S. 15; Bybilakis S. 68.

154) S. Protodikos S. 17.

155) Der lange Bart ist überhaupt als Zeichen der Trauer, z. B. auch bei Verhaftungen angewandt, und die Mainoten scheeren sich so lange nicht, bis die Blutrache erfüllt ist, s. Niketas, *Lakonische Chorogr.* V. 260 (bei Maurer, *das griechische Volk* S. 10).

und gewaschen, in weisse Leinwand gehüllt, in ein Kästchen gethan und so in dem Beinhaus (κοιμητή-ρων) niedergelegt. Wenn sich bei dieser Oeffnung des Grabes der Leichnam noch nicht verwest zeigt, dann tritt die oben erwähnte Furcht ein, dass der Todte ein Wrukolakas geworden sei.

Wie endlich im Alterthume der Glaube herrschte, dass die Seelen unbeerdigter Körper nicht in den Hades gelangen könnten, sondern unruhig umherirrten, bis ein Mitleidiger wenigstens ein paar Hände voll Erde auf ihre Leiche geworfen, so hat auch jetzt noch das Volk den Wahn, dass die Seelen unbestatteter Leichen als Geister unstät auf der Erde umherschweben [156].

---

156) Protodikos S. 9.

Inhaltsverzeichniss:

Das alte Griechenland im neuen (ein Vortrag) . . . . S. 1—38
Anmerkungen . . . . S. 41—65
Anhang (Sitten und Aberglauben der Neugriechen bei Geburt, Hochzeit und Tod) S. 69—126

Ebenfalls im SEVERUS Verlag erhältlich:

Wilhelm Klein
Die Geschichte der Griechischen Kunst
Erster Band
Die Griechische Kunst bis Myron
SEVERUS 2011 / 488 S./ 59,50 Euro
ISBN 978-3-86347-028-9

Klein beginnt in diesem ersten Band seiner „Geschichte der Griechischen Kunst" mit der mykenischen Kultur der späten ägäischen Bronzezeit vor der Rezeption des Mythos und mit den ältesten mythischen Darstellungen bis zum Beginn der Marmorplastik. Er wendet sich der Zeit der Tyrannis zur Wende des 6. Jahrhunderts zu und befasst sich mit der attischen Kunst bis zu den Perserkriegen sowie mit den Bildhauern der Generation vor Phidias. Die Malerei des Polygnot und der Zeustempel von Olympia bilden den Abschluss dieses ersten Bandes.
Der 1850 geborene Wilhelm Klein war ein österreichischer Archäologe und Philologe. Nach seiner Promotion 1875 unternahm er mehrere Studienreisen – insbesondere nach Griechenland und Italien. 1892 bekam er die Professur für Klassische Archäologie an der Karl-Ferdinands-Universität in Prag. Er war Mitbegründer der „Gesellschaft zur Förderung deutscher Wissenschaft, Kunst und Literatur".

www.severus-verlag.de

Ebenfalls im SEVERUS Verlag erhältlich:

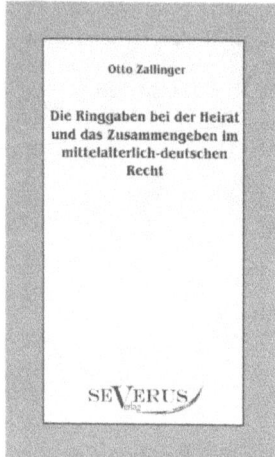

Otto Zallinger
Die Ringgabe bei der Heirat und das Zusammengeben im mittelalterlich-deutschen Recht
SEVERUS 2011 / 72 S. / 24,50 Euro
ISBN 978-3-86347-042-5

Otto Zallingers Abhandlung „Die Ringgaben bei der Heirat und das Zusammengeben im mittelalterlich-deutschen Recht" untersucht die Geschichte dieses zentralen Bestandteils der Eheschließung aus juristischer Perspektive. Es sind vor allem Ursprung, Kontinuitäten und Wandel des Brauches, die ihn interessieren.

Der Aufsatz entstand 1930 im Rahmen der Akademie der Wissenschaften, deren ordentliches Mitglied der Jurist, Rechtshistoriker und Professor Otto Zallinger war. Er ist nicht nur ein interessantes Stück Rechtsgeschichte: Zallingers Herleitung von Bräuchen aus Kultur- und Literaturgut des Mittelalters macht die Abhandlung auch für Freunde der Kulturgeschichte lesenswert.

www.severus-verlag.de

Ebenfalls im SEVERUS Verlag erhältlich:

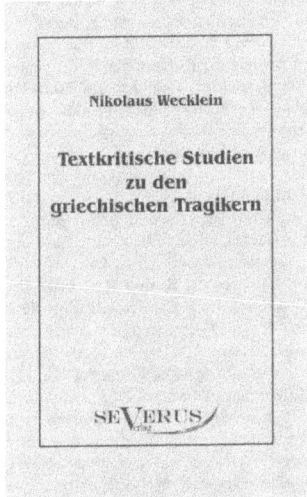

Nikolaus Wecklein
Textkritische Studien zu den griechischen Tragikern
SEVERUS 2010 / 112 S. / 24,50 Euro
ISBN 978-3-86347-006-7

Mit der vorliegenden Abhandlung widmet sich Nikolaus Wecklein griechischen Tragikern wie Euripides und Sophokles. Mit beeindruckender Ausführlichkeit zeigt er Fehler im Verständnis griechischer Werke auf - und stellt hierbei fest, dass durch Mängel in der Überlieferung Werke sich entscheidend verändert haben.
Nikolaus Wecklein gelingt es, die ursprünglichen Texte zu rekonstruieren, um auf diese Weise bisher unverständliche Stellen griechischer Werke aufzuklären und zu erläutern.

www.severus-verlag.de

Bisher im SEVERUS Verlag erschienen:

Achelis. Th. Die Entwicklung der Ehe * **Andreas-Salomé, Lou** Rainer Maria Rilke * **Arenz, Karl** Die Entdeckungsreisen in Nord- und Mittelafrika von Richardson, Overweg, Barth und Vogel * **Aretz, Gertrude (Hrsg)** Napoleon I - Briefe an Frauen * **Ashburn, P.M** The ranks of death. A Medical History of the Conquest of America * **Avenarius, Richard** Kritik der reinen Erfahrung * Kritik der reinen Erfahrung, Zweiter Teil * **Bernstorff, Graf Johann Heinrich** Erinnerungen und Briefe * **Binder, Julius** Grundlegung zur Rechtsphilosophie. Mit einem Extratext zur Rechtsphilosophie Hegels * **Bliedner, Arno** Schiller. Eine pädagogische Studie * **Blümner, Hugo** Fahrendes Volk im Altertum * **Brahm, Otto** Das deutsche Ritterdrama des achtzehnten Jahrhunderts: Studien über Joseph August von Törring, seine Vorgänger und Nachfolger * **Braun, Lily** Lebenssucher * **Braun, Ferdinand** Drahtlose Telegraphie durch Wasser und Luft * **Brunnemann, Karl** Maximilian Robespierre - Ein Lebensbild nach zum Teil noch unbenutzten Quellen * **Büdinger, Max** Don Carlos Haft und Tod insbesondere nach den Auffassungen seiner Familie * **Burkamp, Wilhelm** Wirklichkeit und Sinn. Die objektive Gewordenheit des Sinns in der sinnfreien Wirklichkeit * **Caemmerer, Rudolf Karl Fritz** Die Entwicklung der strategischen Wissenschaft im 19. Jahrhundert * **Cronau, Rudolf** Drei Jahrhunderte deutschen Lebens in Amerika. Eine Geschichte der Deutschen in den Vereinigten Staaten * **Cushing, Harvey** The life of Sir William Osler, Volume 1 * The life of Sir William Osler, Volume 2 * **Dahlke, Paul** Buddhismus als Religion und Moral, Reihe ReligioSus Band IV * **Eckstein, Friedrich** Alte, unnennbare Tage. Erinnerungen aus siebzig Lehr- und Wanderjahren * Erinnerungen an Anton Bruckner * **Eiselsberg, Anton Freiherr von** Lebensweg eines Chirurgen * **Eloesser, Arthur** Thomas Mann - sein Leben und Werk * **Elsenhans, Theodor** Fries und Kant. Ein Beitrag zur Geschichte und zur systematischen Grundlegung der Erkenntnistheorie. * **Engel, Eduard** Shakespeare * Lord Byron. Eine Autobiographie nach Tagebüchern und Briefen. * **Ferenczi, Sandor** Hysterie und Pathoneurosen * **Fichte, Immanuel Hermann** Die Idee der Persönlichkeit und der individuellen Fortdauer * **Fourier, Jean Baptiste Joseph Baron** Die Auflösung der bestimmten Gleichungen * **Frimmel, Theodor von** Beethoven Studien I. Beethovens äußere Erscheinung * Beethoven Studien II. Bausteine zu einer Lebensgeschichte des Meisters * **Fülleborn, Friedrich** Über eine medizinische Studienreise nach Panama, Westindien und den Vereinigten Staaten * **Goette, Alexander** Holbeins Totentanz und seine Vorbilder * **Goldstein, Eugen** Canalstrahlen * **Graebner, Fritz** Das Weltbild der Primitiven: Eine Untersuchung der Urformen weltanschaulichen Denkens bei Naturvölkern * **Griesser, Luitpold** Nietzsche und Wagner - neue Beiträge zur Geschichte und Psychologie ihrer Freundschaft * **Hartmann, Franz** Die Medizin des Theophrastus Paracelsus von Hohenheim * **Heller, August** Geschichte der Physik von Aristoteles bis auf die neueste Zeit. Bd. 1: Von Aristoteles bis Galilei * **Helmholtz, Hermann von** Reden und Vorträge, Bd. 1 * Reden und Vorträge, Bd. 2 * **Henker, Otto** Einführung in die Brillenlehre * **Kalkoff, Paul** Ulrich von Hutten und die Reformation. Eine kritische Geschichte seiner wichtigsten Lebenszeit und der Entscheidungsjahre der Reformation (1517 - 1523), Reihe ReligioSus Band I * **Kautsky, Karl** Terrorismus und Kommunismus: Ein Beitrag zur Naturgeschichte der Revolution * **Kerschensteiner, Georg** Theorie der Bildung * **Klein, Wilhelm** Geschichte der Griechischen Kunst - Erster Band: Die Griechische Kunst bis Myron * **Krömeke, Franz** Friedrich Wilhelm Sertürner - Entdecker des Morphiums * **Külz, Ludwig** Tropenarzt im afrikanischen Busch * **Leimbach, Karl Alexander** Untersuchungen über die verschiedenen Moralsysteme * **Liliencron, Rochus von / Müllenhoff, Karl** Zur Runenlehre. Zwei Abhandlungen * **Mach, Ernst** Die Principien der Wärmelehre * **Mausbach, Joseph** Die Ethik des heiligen Augustinus. Erster Band: Die sittliche Ordnung und ihre Grundlagen * **Mauthner, Fritz** Die drei Bilder der Welt - ein sprachkritischer Versuch * **Müller, Conrad** Alexander von Humboldt und das Preußische Königshaus. Briefe aus den Jahren 1835-1857 * **Oettingen, Arthur von** Die Schule der Physik * **Ostwald, Wilhelm** Erfinder und Entdecker * **Peters, Carl** Die deutsche Emin-Pascha-Expedition * **Poetter, Friedrich**

Christoph Logik * **Popken, Minna** Im Kampf um die Welt des Lichts. Lebenserinnerungen und Bekenntnisse einer Ärztin * **Prutz, Hans** Neue Studien zur Geschichte der Jungfrau von Orléans * **Rank, Otto** Psychoanalytische Beiträge zur Mythenforschung. Gesammelte Studien aus den Jahren 1912 bis 1914. * **Rohr, Moritz von** Joseph Fraunhofers Leben, Leistungen und Wirksamkeit * **Rubinstein, Susanna** Ein individualistischer Pessimist: Beitrag zur Würdigung Philipp Mainländers * Eine Trias von Willensmetaphysikern: Populär-philosophische Essays * **Sachs, Eva** Die fünf platonischen Körper: Zur Geschichte der Mathematik und der Elementenlehre Platons und der Pythagoreer * **Scheidemann, Philipp** Memoiren eines Sozialdemokraten, Erster Band * Memoiren eines Sozialdemokraten, Zweiter Band * **Schlösser, Rudolf** Rameaus Neffe - Studien und Untersuchungen zur Einführung in Goethes Übersetzung des Diderotschen Dialogs * **Schweitzer, Christoph** Reise nach Java und Ceylon (1675-1682). Reisebeschreibungen von deutschen Beamten und Kriegsleuten im Dienst der niederländischen West- und Ostindischen Kompagnien 1602 - 1797. * **Stein, Heinrich von** Giordano Bruno. Gedanken über seine Lehre und sein Leben * **Strache, Hans** Der Eklektizismus des Antiochus von Askalon * **Thiersch, Hermann** Ludwig I von Bayern und die Georgia Augusta * **Tyndall, John** Die Wärme betrachtet als eine Art der Bewegung, Bd. 1 * Die Wärme betrachtet als eine Art der Bewegung, Bd. 2 * **Virchow, Rudolf** Vier Reden über Leben und Kranksein * **Wecklein, Nikolaus** Textkritische Studien zu den griechischen Tragikern * **Weinhold, Karl** Die heidnische Totenbestattung in Deutschland * **Wellmann, Max** Die pneumatische Schule bis auf Archigenes - in ihrer Entwickelung dargestellt * **Wernher, Adolf** Die Bestattung der Toten in Bezug auf Hygiene, geschichtliche Entwicklung und gesetzliche Bestimmungen * **Weygandt, Wilhelm** Abnorme Charaktere in der dramatischen Literatur. Shakespeare - Goethe - Ibsen - Gerhart Hauptmann * **Wlassak, Moriz** Zum römischen Provinzialprozeß * **Wulffen, Erich** Kriminalpädagogik: Ein Erziehungsbuch * **Wundt, Wilhelm** Reden und Aufsätze * **Zoozmann, Richard** Hans Sachs und die Reformation - In Gedichten und Prosastücken, Reihe ReligioSus Band III

www.severus-verlag.de